I0014247

# Modèles physiques et perception, analyse du milieu sonore urbain

Eloi Keita

# Modèles physiques et perception, analyse du milieu sonore urbain

## Modélisation physique des phénomènes naturels et réseaux de capteurs sans fil : la propagation du son en ville

Presses Académiques Francophones

## Impressum / Mentions légales

Bibliografische Information der Deutschen Nationalbibliothek: Die Deutsche Nationalbibliothek verzeichnet diese Publikation in der Deutschen Nationalbibliografie; detaillierte bibliografische Daten sind im Internet über http://dnb.d-nb.de abrufbar.
Alle in diesem Buch genannten Marken und Produktnamen unterliegen warenzeichen-, marken- oder patentrechtlichem Schutz bzw. sind Warenzeichen oder eingetragene Warenzeichen der jeweiligen Inhaber. Die Wiedergabe von Marken, Produktnamen, Gebrauchsnamen, Handelsnamen, Warenbezeichnungen u.s.w. in diesem Werk berechtigt auch ohne besondere Kennzeichnung nicht zu der Annahme, dass solche Namen im Sinne der Warenzeichen- und Markenschutzgesetzgebung als frei zu betrachten wären und daher von jedermann benutzt werden dürften.

Information bibliographique publiée par la Deutsche Nationalbibliothek: La Deutsche Nationalbibliothek inscrit cette publication à la Deutsche Nationalbibliografie; des données bibliographiques détaillées sont disponibles sur internet à l'adresse http://dnb.d-nb.de.
Toutes marques et noms de produits mentionnés dans ce livre demeurent sous la protection des marques, des marques déposées et des brevets, et sont des marques ou des marques déposées de leurs détenteurs respectifs. L'utilisation des marques, noms de produits, noms communs, noms commerciaux, descriptions de produits, etc, même sans qu'ils soient mentionnés de façon particulière dans ce livre ne signifie en aucune façon que ces noms peuvent être utilisés sans restriction à l'égard de la législation pour la protection des marques et des marques déposées et pourraient donc être utilisés par quiconque.

Coverbild / Photo de couverture: www.ingimage.com

Verlag / Editeur:
Presses Académiques Francophones
ist ein Imprint der / est une marque déposée de
OmniScriptum GmbH & Co. KG
Heinrich-Böcking-Str. 6-8, 66121 Saarbrücken, Deutschland / Allemagne
Email: info@presses-academiques.com

Herstellung: siehe letzte Seite /
Impression: voir la dernière page
**ISBN: 978-3-8416-3423-8**

Zugl. / Agréé par: Brest, UBO (Université de Bretagne Occidentale), 2015

# Modèles physiques et perception, contributions à l'analyse du milieu sonore urbain

Eloi KEITA
Université de Bretagne Occidentale
Lab-STICC - UMR/CNRS 6285

August 13, 2015

# Résumé

L'intégration du monde physique et des systèmes d'information est l'un des faits majeurs de la récente décennie. Cette intégration est rendue possible par les systèmes de communication, en particulier les systèmes sans fil, et par les recherches à l'interface physique dans le domaine des capteurs.

L'usage de cette interface peut se concevoir de manière locale, par exemple le contrôle d'un *objet*, ou une aide dirigée vers une personne. Cette interface peut aussi exister au niveau distribué, en permettant la synthèse d'informations éparses et des prises de décisions concernant par exemple des économies de ressources : éteindre l'éclairage d'une rue, guider vers une place de parking libre.

Les réseaux de capteurs sans fil contribuent à cette seconde catégorie et cette thèse s'est consacrée à la simulation de la propagation d'informations sonores en milieu urbain, avec une caractérisation distribuée.

Le support décisif pour cette simulation est la représentation cellulaire de la ville et de ses zones : rues, jardins, rocades, bâtiments, rivières. Cette représentation cellulaire est produite par l'analyse d'images géo-localisées et peut être complétée par la consultation de bases de données, pour l'élévation, par exemple. La représentation cellulaire est ensuite transformée en systèmes de processus interconnectés, à même de reproduire quantité de comportements collectifs, physiques ou numériques.

La construction de ces systèmes a été explorée en profondeur, en faisant varier leur contexte géographique, les critères de classification, la dimension des cellules, la connectivité entre les processus, les comportements collectifs. L'exploration a porté sur le coût de la génération de codes et les performances à l'exécution, essentiellement pour des processus légers. Par ailleurs, nous avons aussi travaillé sur des implémentations en accélérateurs graphiques.

La simulation de la propagation du son est un cas d'application pour de tels systèmes. Le son est une variation ondulatoire de la pression de l'air. Ses propagation, réflexion, réfraction ont pu être modélisées par des automates cellulaires. En réutilisant la proposition de Radu et Ioana Dogaru, nous avons développé un automate cellulaire opérant sur un accélérateur graphique. Nous y avons associé des systèmes cellulaires, des outils d'observation des sons perçus, en fonction des sources choisies par un utilisateur ainsi que des comportements induits par l'environnement urbain.

Au terme de ce travail, nous possédons une méthode de couplage entre les systèmes d'observation par réseaux de capteurs et les systèmes physiques, ici la propagation des ondes sonores. Il en découle des outils évolutifs d'évaluation de nuisances ou de bruits exceptionnels, mais aussi des outils d'observation interactfs (micro virtuel) ainsi qu'un guide méthodologique pour d'autres études concernant les phénomènes physiques radiants.

# Remerciements *(gratias maximas)*

"Il semblerait que les plus belles pages de l'histoire n'aient pas toujours été écrites par celles et ceux qui font le plus de ...bruit." Vous avez dit "bruit" ?

Je tiens tout d'abord à remercier Messieurs les Professeurs Alain Hillion et Gilles Coppin *Directeurs du laboratoire CNRS-Lab-STICC*, pour leur accueil au sein du Lab-STICC, leur détermination pour m'y maintenir ainsi que leurs précieux conseils.

Je tiens à exprimer ma profonde reconnaissance à mon directeur de thèse, Monsieur Bernard Pottier, *Professeur à l'Université de Bretagne Occidentale et responsable du groupe WSN à l'UBO*, pour son accueil au sein de son équipe, tous les précieux conseils qu'il m'a donnés, le temps qu'il a consacré pour diriger cette thèse et surtout pour la confiance qu'il m'a témoignée avec patience et rigueur. Ceci m'a vraiment aidé à promouvoir mes recherches dans le domaine scientifique, gratias ago.

Je remercie chaleureusement Monsieur Marc Sevaux, *Professeur à l'Université de Bretagne Sud*, mon co-directeur de thèse durant les trois premières années, de sa confiance en mon directeur de Thèse (Pr Bernard Pottier) pour continuer seul la direction de cette thèse. Ses conseils et discussions très constructifs ont permis une très bonne orientation des travaux de cette thèse.
Enfin, je remercie tout particulièrement et sincèrement, Monsieur Laurent Nana, *Professeur responsable du Lab-STICC à l'UBO* pour son investissement personnel, sa persévérance dans la recherche de solutions appropriées devant les obstacles, son écoute, sa grande disponibilité malgré un agenda chargé.Je remercie chaleureusement Madame Kerleroux Michele secrétaire de l'ED SICMA pour tout l'intétêt porté à ce travail, sa disponibilité,ainsi son investissement considérable à la réussite de cette thèse.

Je voudrais exprimer mes remerciements les plus sincères à Monsieur Christian Brosseau, *Directeur de l'ED-SICMA*, pour sa grande disponibilité malgré ses contraintes professionnelles, ses conseils et son investissement concret qui m'ont permis d'écrire cette thèse dans de bonnes conditions. Il n'a ménagé aucun effort, aux moments critiques, pour l'aboutissement de cette thèse, gracias ago !

Mes très sincères remerciements vont aussi aux professeurs :
Monsieur Congduc Pham *Professeur à l'Université de Pau et Pays de l'Adour*
Monsieur Laurent Clavier, *Professeur à IEMN UMR 3024 – Télécom Lille 1* :
d'avoir accepté de prendre de leurs temps pour lire ce manuscrit en tant que rapporteurs .

Enfin, je tiens à exprimer ma sympathie à tous ceux toutes celles qui ont contribué de près ou de loin au bon déroulement de ces quatre années, et tout particulièrement à (Pierre-Yves Lucas et Mahamadou Traoré : "compagnons d'armes" qui m'ont soutenu et encouragé par tous leurs moyens), ainsi qu'à Monsieur Ahcene Bounceur, *Maître de Conférence HDR à l'UBO* et tous les autres qui ne sont pas cités ici.Grand merci également à Monsieur Alain Plantec, *Maître de Conférence HDR à l'UBO*, pour avoir accepté de participer à cette soutenance et pour tout ses soutiens au cours de ces "années thèse. "

Bien sûr, je ne saurais oublier mes frères, soeurs, oncles et tantes, etc... pour leurs encouragements permanents. De même, ma grande reconnaissance pour Beatrice Dépourales et Bernard Loyson qui ont été pour moi "mère et père" ces 15 dernières années et m'ont toujours soutenu dans les pires comme dans les meilleurs moments, Merci à vous à travers ce travail.Je ne peux oublier de remercier mes amis, en particulier dogo Jacques Kamara, de même que tous les membres de ma famille pour leurs soutiens et leurs encouragements ainsi que Valerie Gleize pour son aide et ausi Nata (Christine Sidibé) pour ses bénédictions.

Un grand merci enfin à Maëlle Gautier, la mère de mes enfants, qui a fait preuve d'une résistance hors du commun pour me permettre de relever ce défi d'une vie, en s'occupant seule de nos deux jeunes garçons, pour ses soutiens et ses encouragements dans les instants les plus difficiles.

*Je vous rédis à toutes et à tous : gratias ago !*

# Dedicationes

Grandement merci à mes parents de m'avoir envoyé et maintenu à l'école en 1975, GRACIA.

Je dédie *(dedicare)* cette thèse :

*A mes parents :  Pierre Famory et Bintou Doucouré.*
*Mon père aurait été particulièrement très fier d'assister à cette soutenance,*
*et n'aurait pas manqué de penser avec émotion*
*à ce triste jour où j'ai perdu mon audition à 18 ans.*

**A mes garçons :  Pierre Gabriel et Alexis Keba,**
*auxquels je fais passer ici le message de la foi et de la volonté*
*par la persévérance et le travail même en situation de handicap.*

*A ma famille frères et soeurs oncles, tantes, cousins et cousines...*

*A mes mamans (Maraca, Coumba, Sira, May, Nata) - A mes frères et soeurs.*
**A la mémoire de mon père.**

# Table des matières

9

# Chapitre 1

# Introduction : le son pervasif

Les dispositifs capables de percevoir, de communiquer et de restituer des grandeurs physiques telles que le son ont révolutionné notre monde. Enregistrer et rejouer la musique, avec Charles Cros en 1877, transmettre les sons par fil avec Graham Bell en 1876 : ce sont les noms qui sont restés au début de cette aventure. Plus tard Guglielmo Marconi ouvrira une nouvelle brèche avec le télégraphe sans fil.

Les recherches qui ont suivi ont produit quantité de mécanismes ou d'électroniques se succédant à des rythmes rapides, l'expansion des réseaux numériques à haut débit constituant la dernière révolution que l'on peut assimiler à la notion de société de l'information.

Les technologies et sciences de l'information ont également developpé la capacité à prélever de l'information physique et cela de multiples façons. Les réseaux de capteurs sans fil sont maintenant au coeur de la ville et de la vie intelligente, avec de gros enjeux tels que les économies de ressources.

Dans cette thèse nous nous interrogeons sur le son pervasif, tel qu'il peut exister dans des contextes comme la ville, la forêt, les rivages. Ce n'est pas un son intentionnellement produit, mais plutôt une ambiance sonore caractéristique de situations en évolution que l'on peut analyser et comprendre, et même sauvegarder des historiques. Ces ambiances et leurs évolutions sont d'abord liées à des sources sonores provenant d'évènements physiques : passages de véhicules, récréations, chants d'oiseaux, cris. Les sons se diffusent en suivant des lois de propagation, avec des atténuations ou des échos. Ils sont interprétables ou diffus.

Nous avons voulu étudier les facteurs qui influencent la propagation des sons, les moyens techniques d'observation des ambiances sonores, les moyens de transport et de restitution. L'idée est de permettre principalement une écoute non intrusive de la ville, puis le stockage et l'analyse éventuelle, avec l'idée de constituer des *cartes sonores*, comme il y a des cartes géographiques. Ces cartes sonores permettent d'identifier des zones de manière régulière ou occasionnelle. Elles peuvent être observées visuellement, en brossant une séquence temporelle, mais aussi avec des moyens d'investigation et de reproduction afin d'écouter une ambiance : en se plaçant à 10h à cet endroit, on perçoit la récréation des enfants, ou au contraire, c'est jour de congés, et cette école est silencieuse. Ces considérations se conçoivent bien sur un écran d'ordinateur ou de téléphone.

Un autre volet à l'appui de la pervasivité sonore est celui d'évènements exceptionnels, au sens du signal sonore particulier et aussi au sens de la localisation. Dans ce cas, on peut spéculer sur une augmentation dynamique de la précision d'acquisition, du transport et du stockage. Des alertes peuvent aussi être propagées dans ces cas. Une dernière situation qui mérite d'être évoquée est le déploiement de capteurs sonores en réseau sur les lieux de catastrophes, soit dynamiquement, soit en anticipation de problèmes probables.

Le cahier des charges pratiques s'ouvre donc avec des installations de perception sonore, de transport d'informations sonores, synthétiques ou non, et avec la cartographie sonore de la ville. La compréhension de la diffusion des sons et la validation de réseaux de capteurs amènent également à considérer la simulation de cette diffusion, entre des sources réelles ou virtuelle et les lieux d'écoutes distants. Cette simulation est essentielle et constitue un outil très utile pour l'évaluation de nuisances sonores ou l'évaluation de la capacité à entendre un bruit dans certaines circonstances.

Le son est formé d'ondes de pression sensible au milieu de propagation. Il se réfléchit et s'absorbe en fonction de ce milieu. La cartographie qui nous intéresse est donc dépendante des structures urbaines : espaces libres, espaces verts, routes, bâtiments, rivières. La division en cellules de ce milieu est un moyen de dénoter et spécifier cette réalité. L'autre moyen serait une spécification exhaustive des matériels urbains qui par ailleurs évoluent. Il est probable que la division en cellules d'un environnement en deux ou trois dimensions soit la façon la plus rationnelle d'aborder la nomenclature des zones urbaines.

Avec ces considérations, nous ouvrons une voie pour la simulation des diffusions sonores urbaines. Il faut classer les zones par propriétés, constituer des systèmes cellulaires permettant de propager les ondes par simulation, apprécier les résultats à partir de points d'écoutes et de sources arbitraires.

Le plan du mémoire est donné en fin de chapitre. Avant de le présenter, il convient de commenter le contexte de la thèse et de justifier son déroulement. Initialement basée sur un accord entre les équipes de l'UBO et l'UBS, la prise en charge du sujet a conduit sur le terrain très concret des systèmes d'acquisition basse énergie. Il s'agissait de systèmes reconfigurables *PSoC* à gros grain permettant de constituer des fonctions d'acquisition et de pré-traitement dans le matériel. Ces systèmes disposaient aussi de connexions radio à moyenne distance organisés en étoile. La possibilité de déléguer l'écoute à des blocs matériels concurrents et indépendants d'une unité centrale endormie était pressentie comme une bonne piste pour obtenir des petits systèmes fortement intégrés et économes en énergie. Les difficultés techniques à surmonter étaient toutefois lourdes et nous ont conduit à reconsidérer l'orientation de la thèse au niveau des outils de simulation.

Nous avons choisi de ne pas rédiger sur les travaux portant sur les micro-systèmes reconfigurables, les expérimentations pratiques réalisées sur la récolte et la diffusion du son paraissant suffisantes pour attester d'un réalisme pratique (2012, avec Pierre-Yves

Lucas).

Le plan du mémoire apparaît donc comme suit.

Le chapitre 2 présente les principes de synthèse de systèmes cellulaires concurrents. Ces systèmes ont pour fonction de dénoter les structures urbaines ou paysagères intervenant dans une zone. Ils sont géo-localisés et chaque cellule peut être annotée d'informations complémentaires, l'altitude étant la plus évidente de ces informations. A partir de décompositions graphiques relevant de la segmentation et de la classification, on obtient des blocs graphiques de formes irrégulières comme les contours de bâtiments et les rues. La synthèse des systèmes cellulaires associe un processus à chaque cellule et connecte ce processus à ses voisins en fonction d'un motif de voisinage.

Le chapitre 3 approfondit ces notions et effectue des investigations sur le terrain de la simulation. On anime les systèmes cellulaires obtenus avec l'outil *PickCell* de l'UBO, en utilisant les générateurs de code parallèle associés. Il est ainsi possible de produire des simulateurs pour des exécutions multi-threadées ou des exécutions sur accélérateurs graphiques (Graphic Processing Unit, GPU). Nous montrons la grande généralité de cette méthode sur des configurations urbaines et rurales, avec des voisinages différents et avec des règles de transition variées. Certaines de ces règles proviennent directement de spécifications de réseaux numériques.

Le chapitre 4 introduit la simulation du son, considérée comme application des systèmes cellulaires, donc par propagation locale des vagues de pression. Cette partie s'est appuyée sur un automate cellulaire [6] que nous avons adapté à nos systèmes cellulaires. Nous montrons l'évolution entre une simulation théorique et le cas de sons se diffusant en ville. Nous montrons les relevés de simulation. La bibliographie sur la propagation et ses avatars est donnée dans cette partie.

Ensuite, nous décrivons des systèmes maillés assurant à la fois la collecte et le transport d'informations sonores. Cette simulation reproduit les expérimentations réalisées sur quelques sauts à l'aide de cartes capteurs Arduino/XBee. Elle est spécifiée en Occam et est opérationnelle à partir de distributions de noeuds arbitraires. La génération de codes effectuée pour le réseau de capteurs et le système cellulaire est réalisée par les mêmes outils issus du logiciel *NetGen* : des interactions sont possibles entre les simulations de la propagation et celle de la transmission des données.

Nous concluons sur les perspectives de modélisation et de généralisation.

# Chapitre 2

# Synthèse de systèmes cellulaires concurrents

**Des cellules aux automates :**
*modèle physique pour les réseaux de capteurs sans fil*

## 2.1 Automates Cellulaires et modélisation de l'environnement

### 2.1.1 Genèse des automates cellulaires

Les expressions mathématiques, équations différentielles ou aux dérivées partielles ont été utilisées par les scientifiques pour modéliser des phénomènes physiques.

- la simulation aéronautique,

- la synthèse d'images,

- la prévision météorologique.

On rencontre ces équations également dans les domaines comme :[12] [27] [8]

- la dynamique des structures,

- les théories de la gravitation de l'électromagnétisme (équations de Maxwell),

- les mathématiques financières (équation de Black-Scholes).

Cependant les problèmes liés aux phénomènes physiques comportent généralement des conditions aux limites qui restreignent l'ensemble des solutions. D'après Lars Valter Hörmander [18], l'un des sept problèmes du prix du millénaire porte sur la démonstration de l'existence et de la continuité par rapport aux données initiales des équations de Navier-Stokes [41] qui est un système d'équation aux dérivées partielles.

Le lien entre un système d'équations aux dérivées partielles et un automate cellulaire peut être défini de la manière suivante :

- les règles d'un automate sont spécifiées localement de même que la signification d'une équation différentielle est locale,

- les automates cellulaires, tout comme les équations différentielles, visent à abstraire les phénomènes physiques pour les modéliser,

- souvent les spécifications d'un automate cellulaire sont dérivées à partir de celles d'un problème différentiel,

- généralement l'état stable d'un automate cellulaire représente la solution au problème différentiel équivalent.

Dans un article [14], publié dans le Journal des Automates Cellulaires, le professeur Nicolas Fressengeas et son collègue Hervé Frezza-Buet décrivent le procédé mathématique permettant de transformer une équation différentielle aux dérivées partielles en un automate cellulaire par un procédé automatique.

Dans un grand nombre de disciplines les représentations spatiales discrètes sont devenues une alternative en raison de leur capacité à représenter des situations très complexes. Les recherches sur l'auto-reproduction menées par John Von Neumann et les expérimentations de Stanislaw Ulam dans les années 1940 - 1950 sont à la base du principe des automates cellulaires (AC). Leur idée reposait sur les explorations des comportements dont une structure artificielle pourrait se voir dotée dans le but de simuler le comportement d'un être vivant.

La publication d'un article de Martin Gardner dans la revue Scientific American sur le "Jeu de la Vie" inventé par John Conway au début des années 70, stimule la recherche pour les AC.

Ce jeu permet de générer des comportements extrêmement complexes à partir de quelques règles simples et de structures régulières organisées en cellules.

Il s'agit d'un automate cellulaire où l'espace est représenté par une grille de cellules carrées représentant la discrétisation spatiale. A cette modélisation, on ajoute une évolution par étapes qui amène une discrétisation temporelle. A partir d'une configuration de base qui peut être liée au hasard, les lois de l'évolution sont les suivantes :

- chaque cellule a deux états possibles, soit vivante, soit morte (2 valeurs possibles : 1 ou 0),

- l'état d'une cellule (0 ou 1) à l'instant t+1, dépend de l'état de ses voisins et de son propre état à l'instant t :

  - si à l'instant t l'état de la cellule est à 1 et que la cellule a 2 ou 3 voisins à 1 alors à l'instant t+1 l'état de cette cellule reste à 1 sinon son état passe à 0 (mort de la cellule),

- si à l'instant t l'état de la cellule est à 0 et que la cellule a 3 voisins exacte-
ment à 1 alors à l'instant t+1 l'état de cette cellule est mise à 1 (naissance),

- chaque cellules peut avoir au plus 8 voisins.

• le voisinage comprend tous les voisins à la distance 1, ce voisinage est celui "de
Moore".

Dans les années 80, Stephen Wolfram montre par ses travaux la possibilité de
simuler sur ordinateur des phénomènes environnementaux observables en utilisant des
règles simples. Parmi les applications principales, on peut aussi retenir les travaux en
physique appelés "lattice gaz automata" qui consistent à modéliser des particules de gaz
régies par une version discrète des équations de Navier Stokes Ces travaux conduisent à
des approximations de comportements gazeux par automates cellulaires nommés *Gaz
sur réseau*. La première formulation de ce modèle est connue sous le nom de HPP, il
s'agit d'un AC de dimension 2 étudié par J. Hardy, Y. Pomeau et O. Pazzis dans les
années 1970. Il est basé sur les caractéristiques suivantes :

• direction discrète,

• temps discret,

• mouvements et collision de particules.

Une seconde formulation FHP a ensuite été proposée dans les années 1980 par U.
Frisch, B. Hasslacher et Y. Pomeau : elle améliore la précédente en remplaçant le réseau
de cellules Z*Z par un réseau hexagonal [38].

## 2.1.2 Simulations environnementales par automates cellulaires

Des travaux plus récents utilisent les AC pour représenter des assemblages de structures
discrètes complexes, dont nous donnons ci dessous trois exemples.

**Les "dunes étoiles" [46]** A partir de l'analyse du transport sédimentaire on modélise
des champs de dunes telles qu'elles pourraient apparaître sur des planètes soeurs. Les
perspectives d'investigations paraissent minimales pour des formulations classiques
basées sur des (longues) équations différentielles. Le modèle des automates comporte
les éléments suivants :

• description des cellules,

• organisation de la topologie,

• règles d'évolution.

Dans ces travaux, les AC représentent l'espace réel comportant des variables physiques continues telles que le flux sédimentaire, la vitesse, la pression. Les états des cellules intègrent des variables d'état discrètes représentant les différentes phases d'un système naturel : air ? sable mobile ? sable immobile ? . . . Ainsi, chaque fragment de l'espace du modèle n'est maintenant plus décrit par une gamme de variables physiques mais par une seule variable multidimensionnelle représentant localement l'état du système.

Ceci permet aux auteurs de n'utiliser que des interactions de voisinage direct entre des cellules d'états différents pour caractériser l'évolution du système.

La multitude de configurations locales permet de représenter une très large gamme de comportements, en procédant à des moyennages dans l'espace et dans le temps. Alors qu'elles sont traditionnellement injectées de manière arbitraire au sein des modèles, les relations entre ces variables physiques sont remplacées par des propriétés émergentes de comportements locaux aux échelles élémentaires des cellules de l'AC [44].

**La modélisation du trafic routier.** Il s'agit des travaux de K. Nagel et M. Schreckenberg. Ces auteurs ont proposé dans les années 90 un modèle de trafic autoroutier basé sur un AC de dimension 1.

Ce modèle a ensuite été repris par Appert, Cécile, et Ludger Santen dans "Modélisation du trafic routier par des AC", [3]. On conçoit un AC élémentaire avec des spécifications en couleur : en noir les portions d'autoroutes vides, en bleu celles où au moins une voiture est présente. Les zones qui apparaissent en bleu plus foncé sont en fait formées d'une alternance de noir et de bleu et correspondent à une circulation fluide de densité maximale.

Les cellules de l'automate représentent différentes portions de l'autoroute ; une cellule est soit dans l'état vide, soit dans l'un des états $v_1$, à $v_n$, où les $v_i$ représentent la présence d'un véhicule roulant à la vitesse $v_i$, $v_1$ représentant l'arrêt.

Le fonctionnement est décrit par des règles de transition :

1. chaque véhicule accélère d'un cran, passant de $v_i$ à $v_{i+1}$ en limitant sa vitesse afin de ne pas parcourir en 1 unité de temps plus que la distance qui le sépare du véhicule devant lui,

2. la vitesse obtenue est diminuée d'un cran, représentant le passage de $v_j$ à $v_{vj-1}$, avec une certaine probabilité p,

3. chaque véhicule avance d'une distance proportionnelle à sa vitesse ainsi déterminée.

Ce modèle correspond bien à un automate cellulaire si la perturbation aléatoire est absente (p = 0). Si de plus n = 2 (un véhicule est soit à l'arrêt, soit à sa vitesse maximum), le modèle se réduit à l'automate cellulaire élémentaire. Les cellules peuvent prendre uniquement deux valeurs correspondant à "vide" ou "présence" d'un véhicule.

**Propagation des ultrasons :** Plusieurs travaux ont porté sur la simulation de la propagation des ondes sonores en utilisant les automates AC, dont les travaux de Radu et Ioana Dogaru traitant des ultrasons [6] : "Efficient Realizations of a Sound Propagation Processor as a Cellular Nonlinear Network". Ces travaux nous intéressent directement dans cette thèse (cf Chapitre 4).

Nous aborderons différents aspects de ces travaux avec la description d'un automate cellulaire (AC) représentant la propagation des ondes sonores en milieu urbain. Les résultats de ces simulations peuvent être mis à profit pour prédire les comportements sonores et trouver les meilleures conditions permettant de rationaliser la capture de bruits dans la ville. Ces simulations sont des calculs intensifs nécessitant la comparaison en terme de performances et de modes d'éxécution (séquentielle ou parallèle).

## 2.2 Modélisation spatiale de l'environnement

Modéliser l'environnement, simuler, interpréter les phénomènes physiques environne-mentaux est aujourd'hui une question à l'ordre du jour, à bien des points de vue. La vie sociale et économique est également de plus en plus conditionnée par des circonstances telles que la pollution de l'air et de l'eau, les tempêtes, la dégradation des cours d'eau et des littoraux, le développement des insectes ou des maladies. *"Modéliser" peut donc être rapproché d'une décomposition du monde en sous systèmes synchrones qui évoluent et échangent.*

Les AC fragmentent l'espace et en donnent une modélisation physique organisée.

L'objectif de cette section est de décrire une méthode permettant de maîtriser l'élément physique cellulaire sur lequel la perception et le contrôle pourront ensuite opérer. Il s'agit donc de partitionner l'environnement et de qualifier les données afin de pouvoir :

- calculer les évolutions des fragments,

- spécifier des interactions entre le réseau de capteurs et le processus physique,

- disjoindre des sous-systèmes partageant des propriétés communes,

- produire des systèmes cellulaires arbitraires et autonomes que l'on animera de manière synchrone, en conjuguant ensuite les effets.

La figure 2.1 permet d'introduire quelques uns de ces aspects de manière prélimi-naire. Elle montre un système cellulaire extrait automatiquement d'une carte du Mali à proximité de Tombouctou à l'aide des outils *PickCell* [28]. Les cellules présentées ont été capturées grâce à leur affinité avec la couleur bleue du fleuve. Elles disposent de coordonnées géographiques, d'une dimension choisie arbitrairement, déterminant le grain du système.

Ces cellules vont conduire à la construction d'un système cellulaire formé de petits processus connectés en réseau, sur lesquels quantité de comportement peuvent être simulés [30]. En composant plusieurs de ces systèmes cellulaires on obtient aussi la possibilité de représenter des comportements physiques distincts. La propagation des eaux de ruissellement sur des berges et le débit d'une rivière en sont des exemples, la propagation du son en zone libre et sa réflexion sur les bâtiments en sont d'autres dont les caractéristiques seront détaillées dans le chapitre 3.

Il existe des alternatives au choix cellulaire et une grande variété de solutions permettant d'appréhender les données spatiales. Dans [15] [2] les auteurs démontrent l'usage de lancer de rayons pour calculer les zones d'éclairages radio en fonction d'obstacles matérialisés par des contours de bâtiments [1]. Dans un poster les auteurs prennent le GIS national Cartelie comme source d'information pour appréhender les informations de terrain[2].

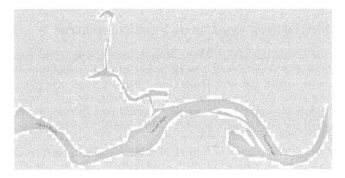

FIGURE 2.1: Exemple de sous système : le fleuve Niger à Tombouctou (Mali) et le lit du "Djoliba".

## 2.2.1 Analyse spatiale d'une zone urbaine

Un autre exemple d'analyse spatiale est le Campus de l'UBO que nous allons décrire quantitativement et qualitativement.

**Principes**

Le flot de conception est montré figure 2.2. Pour fixer les idées, on part d'une photo, d'une carte, ou d'un résultat d'analyse. Sur cette image il faut extraire ou acquérir de la connaissance, opérer des contrôles et mesurer avec des WSN. La figure 2.1 montre un ensemble de cellules obtenu par partitionnement de l'image en cherchant les affinités

---

[1](french) Les réseaux de capteurs en ville : Calculs de couverture. Juin 2011 - Le Gall Yohann et Herry Romain, Master 1 Informatique, UBO

[2]http ://wsn.univ-brest.fr/pottier/ghana/RENCONTRESDELEAU-POSTERS_Metrologie.pptx

de position. On réunit le fleuve et ses berges. Cette structure a une logique interne liée aux données inclues.

Il s'agit de produire automatiquement, ou avec peu d'intervention manuelle, des systèmes cellulaires. Le flot de production est présenté sur la figure 2.2. Il comporte un bloc (1+2) effectuant une analyse d'image, et un bloc effectuant la synthèse du système cellulaire (3+4). Ce flot est ici appliqué à une image, mais peut parfaitement convenir à d'autres ensembles de données. En voici la décomposition :

1. partition en cellules arbitraires : il s'agit du choix d'une grille permettant de fragmenter l'image en cellules dont la dimension a un sens par rapport au phénomène physique à représenter.

2. classement des cellules par affinités, d'abord en calculant un certain nombre de paramètres sur chacune d'elles, puis en regroupant les cellules par catégorie. Les paramètres peuvent être la couleur Red-Green-Blue minimale, ou la moyenne des couleurs.

   L'espace des paramètres est divisé en sous ensemble, ici on répartit les 3 composantes RGB sur deux intervalles, obtenant ainsi $2 \times 2 \times 2$ sous cubes. On désigne par *classe* chacun de ces regroupements.

   Ce sont en pratique des ensembles de cellules disposant d'une certaine connectivité correspondant à un objet physique, tel qu'un bâtiment ou une route. Le nombre de classes caractérise la finesse de la répartition des objets. Les valeurs $n = 2, 3, 4$ sont couramment utilisées.

3. synthèse du système avec des connexions : chaque cellule dispose de coordonnées, voire d'une géolocalisation. On balaie les classes et on recherche les voisins de chaque cellule. Lorsque ces voisins existent, on établit une connexion *abstraite* avec eux.

   La connexion est déduite d'un voisinage proposé par le développeur. Il peut s'agir d'un "Von Neumann1", et la cellule aura au plus 4 voisins. Plus le voisinage est développé, plus les communications internes au système sont importantes, avec une charge de calcul induite qui va aussi augmenter.

4. production de simulation : le système cellulaire précédent est transformé en système de processus conformément à une cible d'exécution. Il peut s'agir d'exécution massivement parallèle et synchrone, auquel cas des fichiers sont produits en syntaxe CUDA, ou d'exécution en processus communiquant, auquel cas on génère une construction Occam reliant des processus par des couples de canaux bi-directionnels.

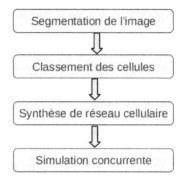

FIGURE 2.2: Flot de synthèse des systèmes cellulaires par PickCell

**Illustration**

Nous allons nous intéresser à un campus dont le flot PickCell permet d'extraire des bâtiments. Ces bâtiments seront ensuite considérés comme des "obstacles" au phénomène de propagation des ondes sonores dans le cadre d'un automate cellulaire, avec la possibilité de respecter des propriétés de diffraction, réflexion, réfraction.

La figure 2.3 (a) présente une carte de la zone étudiée, le choix d'une carte simplifiant les explications quant au flot de synthèse.

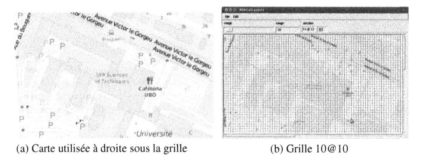

(a) Carte utilisée à droite sous la grille                    (b) Grille 10@10

FIGURE 2.3: La segmentation du campus de Brest

La figure 2.3 (b) montre la première étape qui est la segmentation de l'image en petites cellules regroupant des pixels en zones de taille $10 \times 10$.

L'idée est ensuite de détecter d'une part les espaces libres où une propagation sonore directe peut intervenir : rues, parkings, espaces entre bâtiments et d'autre part les contours de bâtiments. Ceux-ci sont montrés en figure 2.4(a), une partie des zones libres apparaissant figure 2.4(b). Les outils utilisés permettent d'agréger plusieurs classes en une classe lorsqu'il apparaît nécessaire de les confondre.

Ainsi, la modélisation automatique ou semi-automatique de régions physiques, proche des caractéristiques des processus physiques, est une étape essentielle pour mener à bien la simulation physique. Le contrôle du système physique par réseau de capteurs pourra ensuite être planifié avec un séquencement synchrone adapté et calculable par rapport aux caractéristiques du système physique. On peut en effet considérer cette approche comme une technique d'échantillonnage de processus physiques permettant de partager l'horloge avec le réseau de détection. Les automates cellulaires sont une façon de mettre en œuvre la simulation du monde réel à partir des états et des régions initiales.

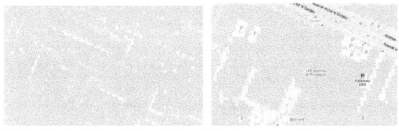

(a) Extraction des bâtiments (obstacles)    (b) Quelques espaces (libres) sans bâtiments

FIGURE 2.4: Campus de l'université à Brest (France)

Nous avons donc ici une source de données permettant de représenter des situations variées avec des comportements spécifiques. Nous allons décrire plus en détails les techniques développées dans l'outil PickCell afin d'obtenir des systèmes cellulaires exécutables sur des plateformes parallèles courantes.

## 2.3    Organisation des systèmes cellulaires

Dans nombre de travaux de modélisation, les automates cellulaires sont utilisés comme des modèles considérant le temps et/ou l'espace comme un assemblage de structures discrètes. Ce sont des systèmes où l'espace et le temps apparaissent comme des variables discrètes. En pratique, il s'agit d'un système de processus, dans lequel chaque composant interagira avec son ou ses voisin(s).

On caractérise l'automate cellulaire en termes de :

- fractionnement en cellules et connectivités locales,

- loi d'évolution,

- variables d'état qui peuvent donner la position (x,y,z), la direction d'une influence externe, des informations capturées localemen ou la conformation d'un automate.

L'espace est ici représenté par une matrice de cellules à 2 dimensions, mais en général, la grille peut être dans n'importe quel nombre fini de dimensions. Chaque cellule peut, à un instant donné, être dans un nombre fini d'états. Au temps $t$, l'état d'une cellule dépend de l'état au temps $t - 1$ de ses voisines. La cellule elle-même peut être intégrée dans son voisinage. Les règles de mise à jour sont identiques pour toutes les cellules. Chaque fois que les règles ont pu être appliquées à l'ensemble du système, on fait évoluer l'ensemble du système de manière synchrone. Dans le cadre de cette étude, les systèmes sont irréguliers et multiples (voir figure 2.1). Les systèmes cellulaires sont composables et peuvent échanger des éléments physiques. Ils peuvent également transmettre l'information au niveau des simulateurs.

Plusieurs types de voisinages sont couramment utilisés. La représentation la plus courante est montrée figures 2.5 et 2.6.

Dans ces voisinages et dans la situation de systèmes cellulaires irréguliers, on dispose d'un nombre maximum de cellules voisines. Les figures 2.5 et 2.6 montrent les connectivités de ces voisinages :

- Von Neumann distance 1 : (1 <= nombre de voisins <= 4 ) .

- Moore distance de 1 : (1 <= nombre de voisins <= 8 )

- Von Neumann distance 2 : (1 <= nombre de voisins <= 12 )

- Moore distance de 2 : (1 <= nombre de voisins <= 24 )

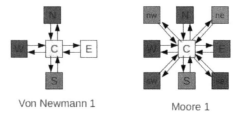

Von Newmann 1            Moore 1

FIGURE 2.5: Systèmes de processus de distance 1. Les flèches figurent des canaux permettant la réalisation de communication.

La représentation informatique des systèmes cellulaires repose sur la notion de processus. A chaque cellule correspond un processus qui encapsule l'état de cette cellule qu'il fait évoluer à chaque étape. Les échanges physiques sont représentés par des communications d'information. Le concept informatique le plus simple est ici la notion de *canal* de communication.

On conçoit que le système cellulaire va devenir un système de processus irrégulier, dont la connectivité de chaque cellule correspond à un sous-ensemble du voisinage choisi. Il s'agit de la synthèse du système cellulaire mentionnée section 2.2, qui peut cibler différents paradigmes d'exécution partageant les notions de maillage et de synchronisme. Concrètement les logiciels utilisés pour ce chapitre permettent de reproduire sous forme de programme, soit des systèmes de processus communiquant en syntaxe Occam [19] [20] soit des tables de noyaux CUDA avec des canaux d'échange opérant sur les mémoires partagées des accélérateurs graphiques [7].

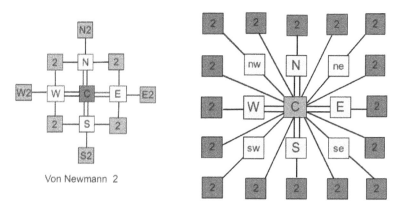

Von Newmann 2

FIGURE 2.6: Systèmes de processus pour des voisinages de rayon 2

## 2.4 Système cellulaire, système de processus et réseau de capteurs

### 2.4.1 Principe de la synthèse système

Étant donné un système cellulaire produit à partir d'une classe regroupant plusieurs sous classes ou à partir d'une image entière, nous pouvons maintenant envisager de produire une organisation de processus.

A partir d'un nœud, il y a plusieurs façons de décider quels voisins connecter. On a vu que les automates cellulaires utilisent généralement des notions de voisinages tels que la "croix de Von Neumann", ou le "carré de Moore". Les méthodes de morphologie mathématique [32] [35] permettent d'étendre cette notion de voisinage à des formes arbitraires, donnant la possibilité d'obtenir des coïncidences avec des objets quelconques. A titre d'exemple, deux segments de ligne pourraient représenter un avion dans le ciel.

La classification des cellules amène une table de collections de cellules qui sont annotées par des coordonnées géométriques et éventuellement géographiques. Il est donc possible de retrouver les proximités entre cellules.

Pour chaque cellule existante un processus est créé. Dans un deuxième temps, la classe est de nouveau balayée cellule par cellule. Pour chaque cellule $C$, les positions de voisinage sont recherchées à l'intérieur de la classe. Pour chaque voisin existant des connexions sont établies avec $C$. De cette façon, un réseau de cellules est tissé selon le voisinage et l'organisation géométrique de classe. Ce travail est effectué par PickCell ciblant un modèle abstrait qui est celui utilisé pour les réseaux de capteurs. En pratique, il s'agit simplement de choisir une option parmi 4 lors de l'appel de la synthèse. En profondeur, il n'y a aucune différence entre cet outil de maillage physique et celui qui sert à construire les réseaux de capteurs, si ce n'est la mise à disposition des contenus de cellules pour le premier cas.

Il en découle deux importants bénéfices :

- compatibilité logicielle entre les simulations des systèmes physiques et les réseaux de capteurs,

- utilisation des mêmes générateurs de code CUDA et Occam pour ces deux types de simulation.

Il sera aisé de transférer des informations produites par la simulation physique vers la simulation du réseau de capteurs (représentation de la perception), et du réseau de capteurs vers la simulation physique (représentation du contrôle).

## 2.4.2 Conclusion : usage dans le flot de simulation

La figure 2.7 affiche le flot général. Nous étudierons de manière plus approfondie sa branche gauche.

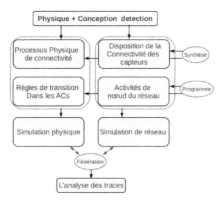

FIGURE 2.7: Flux général pour la simulation (physique et de réseau.) Les deux informations de coordination des actions telles que les points géographiques (ou géométriques) et le système d'horloge peuvent être coordonnées au cours de la simulation.

L'intérêt de l'analyse d'image (et plus tard de données), est de produire des ensembles de régions ayant des caractéristiques physiques semblables. Elle suit un flot classique, à partir d'une image provenant de photographies, de cartes, voire des images radar, pour obtenir des régions d'intérêt, puis des simulateurs concurrents sur lesquels l'obtention des caractéristiques des comportements physiques devient possible.

Nous allons maintenant préciser les méthodes permettant de caractériser des sous-systèmes à même de simuler des comportements physiques. On pense par exemple aux ondes sonores qui peuvent se diffuser dans différents milieux tels l'air, l'eau, les murs ou être réfléchies ou absorbées par des obstacles.

# Chapitre 3

# Paramètres de synthèse, évaluation des systèmes cellulaires

Dans ce chapitre, nous allons étudier les méthodes de paramétrage de la synthèse cellulaire, puis les effets de ce paramétrage sur les simulateurs résultants. Cette analyse est importante en ce qui concerne à la fois la qualité de la discrimination entre zones physiques, et la charge de calcul induite. Les premières sections portent sur la segmentation des images et les regroupements en classe (section 3.1). La synthèse de réseaux étant effectuée, il est possible d'en donner des caractéristiques statiques (3.4), et en utilisant les simulateurs des caractéristiques calculées dynamiquement 3.7.

Les résultats sont issus de ces évaluations qui ont été menées sur plusieurs réseaux cellulaires très différents repris au fil des pages :

**nigerCarte** carte de la même zone figure 3.2 (a) Les cartes donnent des informations simplifiées telles que routes, bâtiments ou blocs, noms, zones vertes et humides...

**nigerPhoto** photographie aérienne (fleuve Niger, figure 3.2 (b)). Les photos comportent quantité de détails qui peuvent être difficiles à interpréter. Elles sont décisives en ce qui concerne les aspects temps réels (catastrophes), ou les évolutions (voir figure 3.2)

**campusbâtiments** limites de bâtiments sur le campus (figure 2.4(a))

**campusJardin** zone libre sur le campus (figure 2.4 (b)). Ces deux connectivités permettent de présenter les zones cellulaires obtenues pour les bâtiments d'une part, les chemins, jardins ou routes d'autre part.

Pour quelques-uns de ces réseaux, on a fait varier la dimension de la cellule.

Les évaluations dynamiques ont porté sur ces quatre réseaux construits à partir de quatre voisinages : VonNeumann1 et VonNeumann2, Moore1 et Moore2. La section 3.7 décrit les algorithmes compilés et évalués pour ce jeu d'essai.

**Build and make** : s'agissant ici de quelques échantillons significatifs, il était nécessaire de montrer la faisabilité, la complexité et les performances de simulations reproductibles à grande échelle. A cet effet, nous avons conçu un outil de génération automatique et d'exécution permettant d'afficher les données produites sur la caractérisation topologique.

**FanOut :** nombre de canaux de sortie d'un noeud.

**MaxFanOut :** le nombre maximum de canaux sortant d'un même noeud dans le réseau.

**MinFanOut :** le nombre minimum de canaux sortant d'un même noeud dans le réseau.

**FanIn :** nombre de canaux d'entrée d'un noeud.

**Leader :** identificateur du réseau (processus avec identificateur maximum - un leader par réseau connexe).

**Diamètre :** nombre de pas pour propager l'information dans un système cellulaire.

**Processus :** cellule de l'AC - chaque processus est une cellule.

**Canaux :** liens de communication

Pour résumer, les paramètres d'un problème sont :

- (SC) les systèmes cellulaires synthétisés (au nombre de 4 dans cette étude : nigerCarte, nigerPhoto, campusBâtiment, campusJardin),

- (CC) la connectivité cellulaire au nombre de 4 également dans cette étude (VN1, VN2, Moore 1, Moore 2),

- (AD) l'algorithme distribué (dans ce cas nous avons ici 4 X 4 architectures X 5 algorithmes distribués, soit 80 programmes de simulation à exécuter automatiquement.

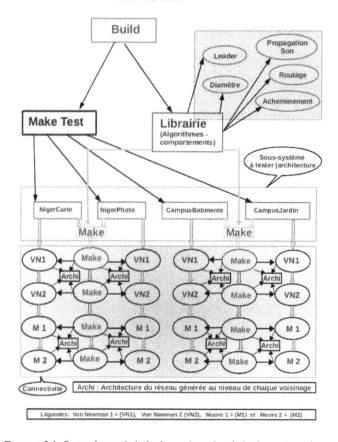

FIGURE 3.1: Synoptique générale du système de génération automatique :

- les 4 sous-systèmes à tester sont nigerCarte, nigerPhoto, campusBâtiment, campusJardin,

- les 5 fonctions algorithmiques sont : leader, diamètre, routage, acheminement, propagation sonore,

- les 4 connectivités cellulaires sont VN, VN2, Moore 1 et Moore2,

- les 16 architectures sont dénotées dans des blocs "archi", elles seront associées à chacune des fonctions à tester (80 évaluations).

## 3.1 Discrimination des systèmes cellulaires

L'obtention d'un système cellulaire simulable peut se définir en 3 étapes :

- segmentation et regroupement des cellules en classes,
- choix d'un voisinage et production d'une architecture abstraite,
- définition de comportements pour le contrôle des processus physiques.

A l'issue de ces 3 étapes on dispose d'un programme capable de représenter quantité de phénomènes physiques tels que des propagations (son, lumière, radio), des dispersions (polluants, insectes), des regroupements et agrégations (insectes), etc... Il sera aussi possible d'alimenter en données les réseaux de capteurs et de dimensionner ces réseaux au regard des phénomènes physiques.

### 3.1.1 Critères de classification

Les données physiques sont figurées par une image formée de pixels à trois composantes Red, Green, Blue (RGB). A partir d'une carte ou d'une photo aérienne, on obtient aisément de telles images (voir figure 3.2).

La segmentation conduit à produire une table à deux dimensions conformément aux dimensions choisies. Les éléments sont les cellules du système, qui sont au départ seulement des petites images carrées ou rectangulaires. Une telle segmentation est montrée en figure 3.3.

 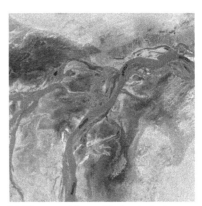

(a) Carte de cours d'eau dans une région      (b) Photographie satellitaire équivalente

FIGURE 3.2: Hydro-géographie d'une région en Afrique

On effectue alors une mesure systématique sur toutes les cellules en calculant des paramètres tels que la moyenne des pixels sur leurs trois composantes (moyenne(R), moyenne(G), moyenne(B)). D'autres évaluations sont les minimum, maximum ou la variance. Chaque cellule dispose donc de paramètres caractérisant la couleur de ses pixels.

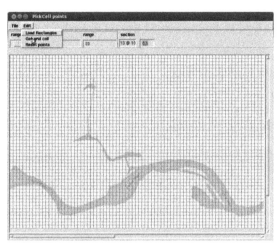

FIGURE 3.3: L'espace est divisé en grille de cellules de taille connue. Ici on a une grille de 10@10 pixels.

ETAPE 1
```
pour  chaque  cellule  de  la  grille
  pour  chaque  pixel  dans  la  cellule
    pour  chaque  composante  de  couleur  dans  {Rouge ,  Vert ,
        Bleu }
      mise  a  jour  (min  (couleur ) )
      mise  a  jour  (max  (couleur ) )
      mise  a  jour  (somme  (couleur ) )
```

Afin de procéder à la répartition en groupes, on s'intéresse aussi à la répartition générale des couleurs. Il est nécessaire de disposer des intervalles pris par les couleurs sur toutes les cellules.

ETAPE 2
```
pour  chaque  cellule  de  la  grille
  pour  chaque  composante  de  couleur  dans  {Rouge ,  Vert ,
      Bleu }
```

```
mise  a  jour  (minGlobal)
mise  a  jour  (maxGlobal)
mise  a  jour  (minMeanGlobal)
mise  a  jour  (maxMeanGlobal)
```

On dispose désormais et pour chaque paramètre des valeurs prises sur l'ensemble de l'image, par exemple $I = [minR, maxR], [minG, maxG], [minB, maxB]$. Voir aussi la figure 3.7 pour un diagramme statistique des couleurs sur un outil de traitement photographique.

## 3.1.2 Construction des classes

Il est maintenant possible d'utiliser les paramètres calculés dans chaque cellule. Il s'agit d'obtenir des classes représentant les affinités des cellules et le nombre de classes est fonction du nombre de divisions opérées sur l'intervalle $I$. Une partition en 2 distribuera l'espace des valeurs en $2^3$ sous-cubes et on obtiendra ainsi 8, 27, 64 classes possibles pour $n = 2, 3, 4$ partitions (voir figure 3.4).

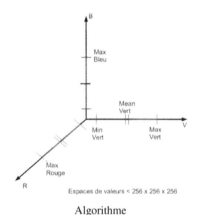

Algorithme

FIGURE 3.4: Classes et cellules par couleur.

ETAPE  3
```
Pour  chaque  intervalle ,  allouer  une  collection
    Pour  chaque  cellule ,  enregistrer  dans  sa  collection .
```

Après cette opération les regroupements automatiques sont terminés. Les outils PickCell fournissent des possibilités de combinaisons manuelles des classes : définition d'une classe cible et possibilité de lui agréger des classes proches (voir le menu présenté figure 3.9).

**Pratique de la segmentation et classification**

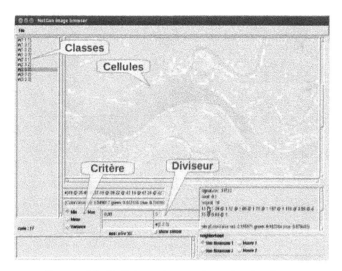

FIGURE 3.5: Outil de gestion et présentation des classes

La figure 3.5 présente une vue de l'outil utilisé pour mettre en oeuvre les fonctions décrites dans ce chapitre 3. La colonne de gauche représente les classes produites à partir d'une photo satellitaire pré-traitée. On reconnaît au centre de la fenêtre le diviseur ($n = 2,3,4$) qui permet de déterminer la finesse de la classification. L'image centrale représente la classe sélectionnée colonne de gauche. On reconnaît les critères de classification $min, max, mean, ...$

En bas à droite figure le choix des voisinages permettant la synthèse des systèmes de processus. L'outil propose des statistiques sur le système cellulaire courant. Il permet également de programmer pour définir des regroupements de classes.

*Cet outil permet aussi de positionner des capteurs sur les zones intéressantes et de provoquer la génération du modèle abstrait pour le système de capteurs. On a donc un couplage direct entre la manipulation des données et la planification de son observation.*

La figure 3.6 présente deux vues avec le propos d'illustrer les qualités de cette technique de partitionnement cellulaire, sachant que l'outillage peut être amélioré, en particulier dans son système de classification.

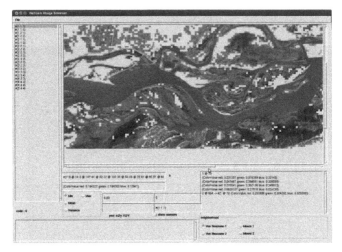

FIGURE 3.6: Technique de partitionnement cellulaire

## 3.2 Pré-traitements

Un traitement de couleur préalable avec un logiciel standard de traitement permet
de faire ressortir les zones d'intérêt (les régions humides en l'occurrence dans cette
simulation). C'est un moyen de configuration des couleurs permettant de faciliter la
séparation des classes. Les pré-traitements réalisés avec des outils externes peuvent
s'avérer utiles dans l'attente de techniques de classification plus élaborées permettant
d'effectuer automatiquement les discriminations.

## 3.3 Génération du réseau de processus.

Nous savons produire les systèmes cellulaires et caractériser une topologie de connexion
de voisinages. La figure 3.9 montre l'aspect pratique de cette génération avec deux choix
pour Von Neumann et pour Moore. Cette génération est produite sur un modèle abstrait
formé de processus reliés par des liens. Ce modèle est exprimé sur un petit nombre de
classes Smalltalk permettant la gestion de quelques attributs dont la localisation.

La figure A.2 présente une vue de NetGen, outil de contrôle de la génération de code.
Cet outil peut prendre en charge les systèmes cellulaires et les réseaux de capteurs en
produisant des représentations graphiques, des programmes Occam, ou des programmes
CUDA [26]. On y reconnaît :

- des processus localisés, leur sortance, la procédure du comportement et des
  informations géographiques

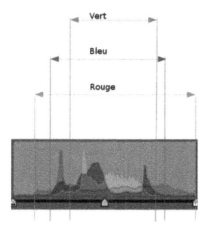

FIGURE 3.7: D'après les résultats de pré-traitement montrés figure 3.8, les intervalles min(couleur), max(couleur) sont figurés pour chaque composante couleur.

• la composition parallèle de ces processus.

On obtient la génération d'un programme Occam similaire à ceux des réseaux de capteurs de NetGen en utilisant la fenêtre de commande montrée en figure A.2. Le modèle présenté dans la fenêtre droite est similaire à l'extrait ci-dessous où on remarque les voisins horizontaux et verticaux des processus cellulaires.

```
cellNetwork6

messages none defined.
Px61y77 { Px61y76, Px60y77 } CellNode (61 @ 77) (20)
Px93y30 { Px92y30, Px94y30, Px93y31 } CellNode (93 @ 30)
   (20)
Px52y52 { Px52y53, Px53y52 } CellNode (52 @ 52) (20)
Px6y81 { Px6y82, Px6y80 } CellNode (6 @ 81) (20)
Px103y91 { Px102y91, Px104y91 } CellNode (103 @ 91) (20)
Px52y27 { Px52y28, Px51y27 } CellNode (52 @ 27) (20)
Px50y26 { Px51y26, Px50y27 } CellNode (50 @ 26) (20)
Px60y37 { Px60y36, Px60y38 } CellNode (60 @ 37) (20)
Px101y90 { Px101y89, Px101y91 } CellNode (101 @ 90) (20)
Px83y71 { Px84y71, Px82y71 } CellNode (83 @ 71) (20)
```

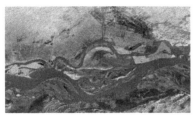 

(a) Image originale      (b) Image traitée et amélioration des spectres de couleurs

FIGURE 3.8: Traitement de couleur pour une mise en valeur

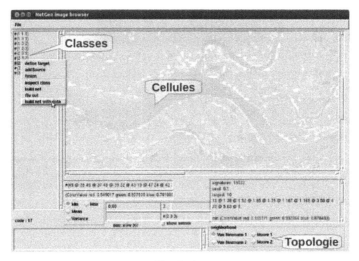

Topologie

FIGURE 3.9: Appel du générateur de code dans la fenêtre de gestion des classes.

## 3.4 Études statistiques sur une zone urbaine

En vue de la simulation des propagations sonores, on s'intéresse aux espaces libres et aux bâtiments. Les espaces libres sont des zones dans lesquelles les ondes sonores, des ondes radios voire des ondes électromagnétiques peuvent se propager en ligne directe. Ce postulat suppose que ne sont considérés comme obstacles que les objets (bâtiments, murs, arbres...) dont les coefficients d'atténuation sont supérieurs ou égaux à celui de

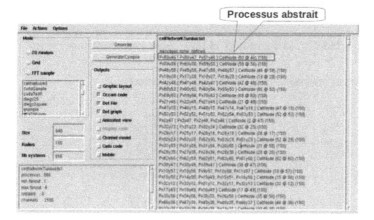

FIGURE 3.10: Présentation textuelle du modèle abstrait pour un système cellulaire de type Von Neumann de distance :1. Chaque processus, dans ce cas, a au plus 4 voisins : Nord, Sud, Est et Ouest. Les noms de cellules sont déduits de leur position.

l'air.

Cette modélisation physique peut couvrir des domaines comme la nuisance sonore (arrivée des brouhahas extérieurs au labo : à quelle distance entend-on dans les bâtiments à partir d'une source extérieure...). Elle peut également concerner la transmission des télécommunications (ondes radios, etc...) pour une implantation des capteurs. En appliquant la "loi de masse" qui régit l'isolement :

$$R = 20 \cdot \lg \frac{\omega M}{2 \rho c}$$

avec :

- $R$, l'indice d'affaiblissement acoustique de la paroi, en Décibel (dB) ;

- $\omega = 2\pi f$, la Vitesse angulaire (pulsation), en rad/s ;

- $M$, la masse surfacique de la paroi, en kg/m2 ;

- $Z = \rho c$, l'impédance spécifique de l'air  410Ns/m3.

La "loi de masse" signifie que dans le cas idéal d'une paroi infiniment grande (ou fortement amortie), $R$ augmente de 6 dB par doublement de la fréquence et de 6 dB par doublement de la masse surfacique.

### 3.4.1 Résultats d'analyses statistiques quantitatives

Afin de chiffrer les charges de calculs induits par différents choix de paramétrages offerts par PickCell, on a discriminé quelques zones pleines (bâtiments) et creuses (jardins).

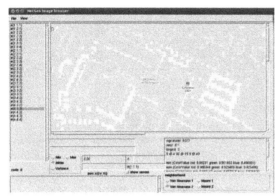

Bâtiments (obstacles) du campus de l'UBO

FIGURE 3.11: Les bâtiments du campus, voisinage distance 2 de Von Neumann, regroupement sur le critère des moyennes

| Analyse statistique | | | | |
|---|---|---|---|---|
| CC variable : VN1, VN2, M1 et M2 - SC constant : campusBâtiments - Granularité : 10@10 | | | | |
| Voisinages Min | Processus | Canaux | MinFanOut | MaxFanOut |
| Von Neumann1 | 642 cellules | 1192 | 1 | 4 |
| Moore1 | 661 cellules | 1190 | 1 | 7 |
| Von Neumann2 | 674 cellules | 2616 | 1 | 9 |
| Moore2 | 694 cellules | 4398 | 1 | 14 |

TABLE 3.1: Les bâtiments (obstacles à la propagation des ondes) - Diviseur : 4

**Voisinage**

## 3.5 Description des RdC et des comportements

Il n'y a pas de différence fondamentale entre le comportement cellulaire physique simulé et le modèle synchrone des réseaux de capteurs simulé par NetGen [29]. Les trai-

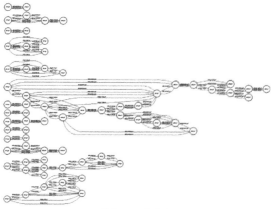

Réseau généré

FIGURE 3.12: Réseau cellulaire autour des bâtiments du campus de l'UBO, voisinage de VN - distance de 2 - CC constante et SC constant (campusBâtiment).

tements programmés pour ces réseaux sont immédiatement transposables aux réseaux cellulaires :

- algorithmes distribués pour les réseaux de données : calculs de leaders, diamètres, routages et acheminements valent pour les assemblages de cellules.

- modèles physiques : automates cellulaires purement locaux, moyennes distribuées, propagation du son, écoulement : gaz, eau, etc....

Les fonctions de saisies de positions de capteurs sont utilisables sur les classes ouvrant les possibilités suivantes :

- calcul de placements optimisés de capteurs ou placements manuels,

- possibilité de simulations conjointes synchrones selon le standard HLA (High Level Architecture) (1 classe, 2 classes, simulées en entrelacement ou en parallèle),

- d'alimentation de la simulation du réseau par le simulateur physique,

- contrôle du processus physique.

## 3.5.1 Structures des données cellulaires

Ces structures doivent être décrites par le programmeur de l'automate cellulaire et supporter la description de l'état local et le calcul de ses évolutions : évolutions conformes

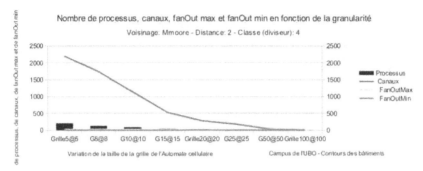

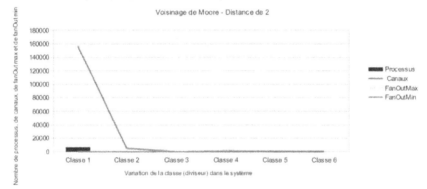

Campusbatiments - Contours d'obstacles

FIGURE 3.13: Variation des classes vs variation de la granularité (variation CC vs variation SC)

au modèle synchrone, codées dans PosDircellnode-include6 : ( etat(t) x inputs –> etat(t+1) , outputs).

```
DATA TYPE FileOfId
  RECORD
    INT limit:
    [MaxNodes −1] INT newFound:
:
DATA TYPE Packet
  RECORD
    INT destId , srcId , packetType:
:
— les points cardinaux
DATA TYPE Direction
```

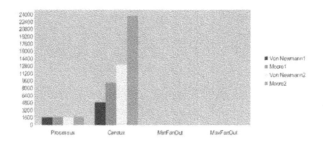

Variation CC vs Variation SC

FIGURE 3.14: Études statistiques sur les voisinages.

```
RECORD
    BOOL nord:
    BOOL sud:
    BOOL est:
    BOOL ouest:
:
--- position x et y du noeud (nombre entiers)
DATA TYPE Position
    RECORD
        INT x:
        INT y:
```

## 3.6  Exemple d'études statistiques sur l'hydro-géographie de la région de Tombouctou (Mali)

Démonstration du routage et acheminement de paquets au long du fleuve Niger (Djoliba) dans la région de Tombouctou au Mali. On peut calculer entre autres : les paramètres du leader, le diamètre du réseau, les paramètres du routage, de l'acheminement (nombre de paquets perdus, détection des collisions, etc...) du réseau.

| Analyse statistique | | | | |
|---|---|---|---|---|
| CC variable : VN1, VN2, M1 et M2 - SC constant : nigerCarte - Granularité : 10@10 | | | | |
| Voisinages Min | Processus | Canaux | MinFanOut | MaxFanOut |
| Von Neumann1 | 1653 cellules | 4900 | 1 | 4 |
| Moore1 | 1680 cellules | 9190 | 1 | 8 |
| Von Neumann2 | 1701 cellules | 13078 | 1 | 12 |
| Moore2 | 1735 cellules | 23700 | 1 | 24 |

TABLE 3.2: Les rivages du fleuve Niger à Tombouctou (Mali) - Diviseur : 4

## 3.7 Algorithme : exemple du diamètre et et du routage

| Leader | Max des ID |
|---|---|
| Diamètre | Max des distances $d_{ij}$ |
| Routes | table des liens i–>j |
| Acheminement | transport des paquets |
| Position | repère xyz d'une cellule |
| propagation | direction, diffusion, réflexion, ou absorption des ondes |

TABLE 3.3: Tableau de bord des comportements testés.

**Quelques exemples de traitement dynamique.**

### 3.7.1 Spécification des comportements : calcul des diamètres et distances du réseau

*(Index du plus court chemin d'une cellule vers les cellules joignables, plus long chemin dans un système.)* Un programme Occam complet est formé de 3 fichiers, 1 et 3 étant produits automatiquement :

1. Architecture : système cellulaire concurrent reproduisant l'image d'une classe synthétisée, en conformité avec le voisinage choisi.

2. Comportement : comportement, et notoirement une PROCédure CellNode qui décrit le comportement des cellules et leur état.

3. Données (carte17.occ) : données d'une classe décrites en Occam, implantées dans un tableau global, et lues par chaque processus à partir d'un index passé en paramètre.

Les algorithmes utilisés dans ce travail sont des exemples basiques en distribués [1].

- le leader : identifiant du réseau permettant à un mobile de prendre connaissance de l'identité du réseau rencontré sur son parcours,

- le diamètre : défini comme la distance maximale entre deux noeuds quelconques, permettant de connaitre le nombre de tours nécessaires à la diffusion de l'information dans le réseau.

Deux réseaux sont également testés :

- l'acheminement,

- le routage.

Enfin deux algorithmes spécifiques à la propagation physique sont aussi testés :

- position - direction,

- propagation de l'onde sonore.

### 3.7.2 Quelques exemples de traces

On peut y lire :

- le nom du processus,

- l'identité du réseau,

- la position XY,

- la table de routage,

- les distances : max, locale et globale aux voisins.

```
879  Px11y19  :(879−0−−1)(213−1−0)
213  Px11y20  :(213−0−−1)(879−1−0) ───── identite
(213) ──────────────────────────── NomProcessus
(x=11  y=20):───────────────────── table routage
242  Px7y8   :(242−0−−1)(911−1−0)
213  1  1   ──  ────────────────── l = max local des distances aux voisins
242  1  1
879  1  1
911  Px8y8   :(911−0−−1)(242−1−0)
911  1  1
879  g  1
213  g  1   ──  ─────  ─────────── g = max global des distances aux voisins , le diametre
     = 1
911  g  1
242  g  1
317  Px2y40  :(317−0−−1)(227−1−0)(280−1−1)(166−2−0)
166  Px4y39  :(166−0−−1)(227−1−0)(280−1−1)(317−2−0)
227  Px4y40  :(227−0−1)(166−1−0)(280−1−1)(317−1−2)
```

---

[1] http ://wsn.univ-brest.fr/moodle/course/view.php ?id=16

```
228 P Lost 228
--> collision sur une sortie, --> node = 228

944 Transit tour 862 noeud Id 944 184 944

228 Transit tour 876 noeud Id 228 944 184

86 Transit tour 863 noeud Id 86 184 944

151 Transit tour 877 noeud Id 151 944 184
--> transit node = 151, distance = 944,
--> src = 184, time = 877.
```

- calcul de diamètre (de 1 à 76) et de tables de routage,

- acheminement de paquets pair à pair, et trace sur le réseau routé, collisions,

- présentation sur l'image initiale (processus P3 <-> P4),

- géo-localisé à partir du support de QuickMap.

En dépit du caractère clairement "réseau" de cette description, on peut noter que ces systèmes sont aussi des "systèmes physiques" capables de propager l'information, qu'elle ait un caractère matériel, biologique ou ondulatoire.

## 3.8   Conclusion et perspectives

Le cas d'étude du fleuve Niger dans la région de Tombouctou, où on teste les 4 voisins, (figure 3.2) est basé sur ces deux approches. Ainsi, pour cette étude, une analyse rigoureuse a été menée entre les différents voisinages et sur les variations des classes. Cela nous a permis de déterminer que cette méthode apporte réellement de nouvelles solutions de simulation de phénomènes physiques. La compilation de plus de 3000 processus en Occam est à la limite de la capacité du compilateur KROC, alors que la même compilation est beaucoup plus rapide en Cuda. En ce qui concerne cette difficulté de quantifier, on peut faire usage d'accélérateurs graphiques (Graphic Processing Units, GPU) massivement parallèles en mode d'exécution SIMD. Les AC étant une méthode numérique relativement récente et originale, il est important de pouvoir situer leurs performances par rapport à celles des méthodes classiques notamment celles des équations différentielles.

On peut modéliser de nombreux phénomènes physiques comme la propagation des ondes sonores ou radio, l'écoulement de fluides, la diffusion de gaz, la dispersion de produits dans une rivière, etc... avec les AC et en déduire des situations très réalistes. Dans ce travail les perspectives se révèlent tout à fait intéressantes. On peut ainsi modéliser le campus de l'UBO de 2 manières différentes :

la propagation des ondes sonores dans les "jardins" du campus (sans obstacles) : détection, localisation de sources sonores lors des rassemblements, des mouvements de foule, des évènements exceptionnels au sein du campus, etc...

la propagation du son dans et à travers les bâtiments (obstacles) : calcul de la résistance des bâtiments aux ondes sonores en fonction de la puissance de la source sonore, de sa localisation, prévoyance de nuisances sonores, etc...

La simulation d'un réseau sonore déployé dans cette perspective permet d'obtenir des données informatives exploitables comme :

- le diamètre du réseau,

- le nombre de canaux et de processus,

- l'utilisation des ressources (durée et puissance de calcul).

Enfin, en plus des avantages techniques des AC par rapport aux méthodes mathématiques notées dans ce travail, les champs d'utilisation des résultats sont vastes et variés, comme par exemple :

- mobile : pilotage d'un drône, d'un bateau en s'appuyant sur des balises sans fil,

- plusieurs mobiles : bus circulant sur une ligne, un réseau, personnes à domicile, animaux,

- mobiles dominants : flottes, trafics, animaux, etc.

  – comportement calculé : balayage systématique,

  – comportement spécifié : bus sur sa ligne,

  – comportement dynamique : décisions programmées dépendant de l'historique du mobile.

Ces résultats synthétiques ou obtenus par exploration systématique, avec des commentaires, sont principalement des caractéristiques topologiques. Les figures A.1 présentent des relevés sur les temps de compilation et d'exécution.

En ce qui concerne les perspectives, le chapitre 4 va prolonger ce travail par une description de la problématique applicative, les mobiles physiques et la description d'un AC pour la propagation des ondes sonores en zone urbaine.

# Chapitre 4

# Simulation discrète de la propagation du son en ville

## 4.1  Vers des maillages sonores urbains ?

Le chapitre 3 a présenté des techniques de partitionnement et de génération de systèmes cellulaires. Ces techniques peuvent être appliquées à l'environnement urbain appréhendé au travers de cartes électroniques ou de photos aériennes, ou plus directement par interrogation de systèmes d'information géographiques.

Ces systèmes cellulaires vont représenter des éléments tels que les rues, les bâtiments, les jardins, les cours d'eau, les équipements collectifs ou commerciaux : écoles, stades, boutiques et supermarchés...

La capture de l'information physique est aussi à l'ordre du jour bien que sa cartographie soit moins présente publiquement. Les équipements liés aux *smart cities* se développent depuis quelques années : gestion électronique des parkings par réseaux de capteurs sans fil, mais aussi détection de la pollution aérienne ou détection et contrôle de l'éclairage nocturne....

L'objet de ce chapitre est une proposition de modélisation et de simulation de la propagation des ondes sonores en zone urbaine et son exécution sur des architectures parallèles. Cette proposition s'appuie naturellement sur les concepts énoncés au chapitre 3. La cartographie du son est évidemment plus difficile que l'analyse de données plus statiques. Le son est par essence un phénomène transitoire lié à une cause physique dont la durée peut être brève (passage d'un cyclomoteur), très brève (cri), récurrente (récréation dans une cour d'école) ou quasi permanente (route).

La simulation du son peut être utilisée pour la prédiction des pollutions sonores et le couplage à des réseaux de diagnostic ou d'observation. Certains de ces aspects sont déjà nomenclaturés. Les GIS nationaux proposent ainsi quelques *segments* documentant la nuisance sonore à proximité des voies de circulation[1]. La figure 4.1 présente deux

---

[1] http ://cartelie.application.developpement-durable.gouv.fr/cartelie/
voir.do ?carte=D29_Carte_de_bruit_A1_2E&service=DDTM_29#

systèmes cellulaires sonores calculés à partir du GIS officiel *Cartelie* à proximité de
l'Université de Brest.

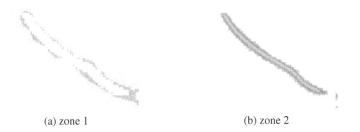

(a) zone 1                    (b) zone 2

FIGURE 4.1: Deux systèmes cellulaires sonores conjoints extraits de la cartographie
publique. On reconnaît au centre de la zone1 une intersection de route, à l'extrémité
droite, un pont qui diffuse la nuisance sur une plus grande portée.

### 4.1.1    Classification des éléments de propagation

La cartographie du son peut donc servir à améliorer le bien-être en permettant la
réduction ou l'isolation de nuisances. Cette cartographie pourrait aussi permettre de
suivre des évènements exceptionnels ou réguliers et intervenir au titre de compensation
numérique auprès de malentendants.

Pour l'analyse de bruits, on peut s'appuyer sur des zones aux caractéristiques
différenciées que l'on configurera en systèmes cellulaires, par exemple :

- des zones libres d'obstacles où le son se propage librement,

- des zones végétales ou boisées qui peuvent amoindrir la propagation des bruits,

- des murs des bâtiments qui ont la capacité de bloquer la propagation ou au
  contraire d'accomplir une propagation physique particulière ou une réflexion,

- des zones d'activités spécifiques, génératrices de bruits.

Pour un système cellulaire donné, accomplissant une propagation, la première tâche
sera de fixer les caractéristiques de la diffusion d'une onde émise par une source. Une
situation plus complexe est obtenue par composition de systèmes cellulaires différents
qui filtreront le son en le transformant. Ces compositions proviennent de représentations
des structures urbaines ou de la topographie en trois dimension de la zone d'intérêt.

Ce chapitre va présenter des résultats concernant la modélisation cellulaire du son
et sa simulation au regard de caractéristiques urbaines simplifiées formées de zones
*conductrices* (air libre) et d'obstacles (murs).

La bibliographie concernant l'approche cellulaire sonore va aussi servir à expliquer comment simuler la propagation des sons en fonction de paramètres applicables à des systèmes complexes. A partir des résultats de la simulation, on peut effectuer plusieurs estimations. On peut exemple statuer sur :

- les zones de perception : ces zones correspondent à des surfaces sur lesquelles un son sera perceptible depuis la source sonore. Ce sont des zones telles que les parkings ou les terrains de sports ;

- les perturbations : il s'agit de perturbations liées à la propagation des ondes sonores comme les bâtiments, les murs, les structures métalliques ;

- les propagations parasites : ici on envisage la détection et la localisation des ondes sonores indésirables qui peuvent se superposer à un son. Cette détection peut se faire au niveau des différences fréquentielles, de l'intensité et de la localisation de la source sonore ;

- les réflexions, réfraction, diffusion : il s'agit de phenomènes liés à la propagation des ondes sonores en milieu non libre d'obstacles, qui seront ici calculés sur la base des barrières à la propagation, typiquement les bâtiments.

### 4.1.2  Motivation applicative quantitative

En amont de réels déploiements de capteurs physiques, plusieurs bénéfices sont attendus de cette évaluation :

- les cartes de nuisances sonores (par exemple utilisables pour les plans d'urbanisation) : les nuisances sonores sont un mal socio-sanitaire d'importance. Ces nuisances résultent le plus souvent de l'activité humaine comme l'urbanisation excessive, les transports (figure 4.1), l'activité industrielle. En intervenant dans la planification de l'urbanisation, il sera possible d'améliorer de manière significative l'impact des nuisances sonores ;

- les alertes sur événements critiques : il peut s'agir de cris répétés, de bruit d'accident, d'explosion... Il faut alors construire des moyens d'alerte automatique, intégrant la localisation de la source et une signalisation à des services compétents. A l'extrême, on peut aussi penser aux zones de catastrophes et à la nécessité de retrouver des victimes en se servant de signaux sonores ;

- l'observation statistique : il s'agit de l'obtention d'informations quantitatives et éventuellement qualitatives, le son physique en lui-même étant une information qui peut *porter* d'autres informations de plus haut niveau. Il s'agit alors de capturer et/ou stocker, éventuellement véhiculer des informations en fonction de l'usage ou du besoin envisagé, en respectant les clauses légales.

Le bruit a toujours été un signal physique significatif, les indiens "écoutaient" les vibrations des rails ou les galops. La perception automatique permet des diagnostics similaires, à un niveau peut-être supérieur à celui de la vision. L'écoulement du trafic automobile a ainsi certainement plusieurs signatures sonores caractéristiques d'absence de véhicules, d'écoulements normaux ou de congestions.

### 4.1.3 Signification sociale du son

Le son constitue un phénomène environnemental naturel, un univers richement constitué, aux facettes multiples.

Les bruits racontent la ville en dessinant notre façon d'y vivre autrement que par des images ou de l'écrit. Ils signent souvent la présence de la vie et de bien d'autres choses encore dans l'espace et le temps. Ce sont des données que l'on peut interpréter en association avec d'autres informations, de nature géographique, par exemple. On peut considérer le son comme un élément critique dans un système d'information. On peut noter quelques points de repère : la circulation, les passagers dans les transports en commun, les machines de travaux publics, les usines, les battements du cœur perçus par les moyens obstétricaux, les sirènes d'ambulances, les enfants dans une cour de récréation, un square, une colonie de vacances, les passages d'avions, la vie domestique dans les habitats, les marchés, les manifestations, fêtes, mouvements de masse, les animaux sauvages dans les forêts, les oiseaux, le tonnerre, le vent, les sonneries, les pas dans le couloir, les variations rythmiques des transports urbains, un freinage brutal sur l'asphalte...

Un milieu social porte des contrastes acoustiques parfois saisissants en fonction du moment, de la période ou des lieux. Ces contrastes traduisent des différences d'ordre organisationnel et sont indicatifs d'un environnement social. En procédant à une corrélation géographique des zones d'intérêts avec des historiques sonores, on peut aboutir à une observation de la cartographie sonore de cette zone et à son identification. Cette cartographie témoigne d'une géographie humaine, d'un comportement social, d'un environnement vivant.

Nous traitons dans ce chapitre d'une nouvelle manière de s'approprier notre environnement via son identité sonore. On va s'intéresser à différents aspects du bruit de la ville et aux interactions avec ces bruits :

**la captation sonore** pour l'écoute, en vue d'une promenade virtuelle, basée sur l'étude de la propagation des ondes sonores en zone urbaine, voire rurale ou locale.

**la recherche** de nouvelles techniques de captation et d'analyse de l'identité sonore de notre environnement, l'environnement possédant d'innombrables signatures phoniques.

**la localisation temporelle et spatiale** dans la situation de l'environnement sonore global avec la possibilité de s'arrêter sur un détail, une signature sonore pour la grossir, l'affirmer ou l'affiner : bruits des éléments naturels, langues étrangères dans un lieu de transit ou de commerce.

Une réalité à un instant donné est ainsi interprétée pour faire émerger un événement particulier, une indication, un signal, une identité, etc... Un environnement social sans bruit reviendrait à suivre un concert musical télévisé tout son coupé. Pouvoir véhiculer des sons significatifs dans la ville est un élément important dans la société de l'information du futur.

### 4.1.4   Approche de simulation de la propagation physique

Nous avons choisi un modèle cellulaire proposé par Radu et Ioana Dogaru dans [6]. Le voisinage de l'automate cellulaire utilisé est un Von Neumann de rayon 1 ayant des voisins Nord, Sud, Est et Ouest. Les variables d'état des cellules incluent la présence de bâtiments, une ou des source(s) sonore(s), les paramètres physiques de spécification d'un son. La fonction de transition opère sur des paramètres d'atténuation et de diffusion de l'onde sonore, en reconstituant les évolutions locales de celle-ci.

Une réalisation pratique a été construite, dont les systèmes cellulaires intègrent des données d'une image extraite d'une navigation sur *OpenStreetMap* sur la ville de Brest. Chaque pixel est associé à une zone de quelques mètres de côté en fonction de l'échelle de la carte, par exemple 45m de coté par pixel pour la première simulation montrée figure 4.10. On dispose d'une cartographie des bâtiments de la ville fournie sous la forme de fichiers au format *shapefile*, près de 80000 polygones (bâtiments) représentant ainsi les obstacles potentiels pour le son.

La simulation permet d'effectuer une *exploration fictive* interactive par le biais d'un microphone virtuel qui restitue le son simulé après propagation et cela à des endroits arbitraires.

Avant d'entrer dans les détails de la simulation, il est toutefois nécessaire de s'intéresser à la nature physique du son et à son abstraction informatique discrète.

## 4.2   Caractéristiques des ondes sonores

Selon Stantey A Gelfand [16] le son se définit comme une onde qui se déplace dans l'air sous forme d'une variation de pression, sans déplacement de matière. Un exemple est la vibration de la membrane des haut-parleurs qui transcrit un signal électrique périodique en compressions et décompressions successives. Le son se propage également dans les solides sous forme d'infimes vibrations des atomes.

Il existe plusieurs types de sons, au regard de l'audition humaine et de la fréquence des vibrations :

- les infrasons : au dessous de 20 Hz on rencontre les infrasons que nous n'entendons pas. Certains animaux comme les éléphants, les girafes, les baleines etc...

peuvent cependant les émettre et les capter jusqu'à 10 Hz. Les infrasons sont une réalité physique et peuvent conduire à des destructions massives à partir de certaines fréquences [11].

- les sons de 20Hz à 20 KHz sont humainement audibles. Selon [4] Blauert, un son a une fréquence que notre oreille peut capter et interpréter, la meilleure sensibilité de l'audition humaine se situant autour de 3 kHz avec une intensité d'environ 10 dB.

- les ultrasons à partir de 20 KHz jusqu'au mégahertz : les ultrasons se situent au delà de 20 KHz et vont jusqu'à 1000 KHz. Les chauve-souris, les dauphins et d'autres animaux émettent et captent des ultrasons de 50KHz à 150 KHz.

- les hypersons se définissent par des fréquences au delà de plusieurs milliers de MHz.

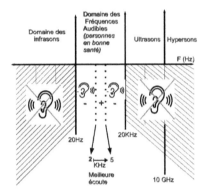

(a) Gammes de fréquences sonores

FIGURE 4.2: Représentation des différents types d'ondes sonores.

## 4.2.1 Définition du son physique

Un son est une onde mécanique longitudinale, une perturbation périodique résultant de la propagation de la vibration d'objets matériels dans un milieu élastique comme l'air, l'eau ou dans un solide. Il peut par ailleurs se décomposer en sommes de sons élémentaires qui débarrassés de "bruits" sont des ondes parfaitement périodiques et sinusoïdales.

L'équation de l'élongation de l'onde sonore en fonction du temps est :
$x = A sin(\omega t + \varphi)$
A est l'élongation maximale, $\omega$ est la pulsation,
($\omega = 2\pi/T = 2\pi f$) en radian par seconde et
$\varphi$ est le déphasage ( en radian) à l'instant t0.

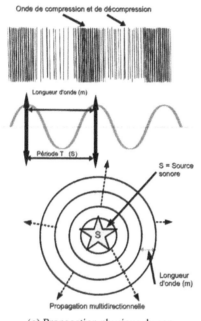

(a) Propagation physique du son

FIGURE 4.3: Son physique sous forme d'ondes de pression.

**L'équation d'onde et loi d'évolution pour la propagation à une dimension :**

l'équation aux dérivées partielles (équation d'Alembert) est donnée par :

$$\frac{\partial^2 u}{\partial x^2} - \frac{1}{v^2}\frac{\partial^2 u}{\partial t^2} = 0. \ (1)$$

Pour toutes fonctions "f" et "g" (supposées régulières), on a une solution (avec une vitesse v mais sans amortissement ni d'atténuation), qui est une fonction à 2 inconnues, "x"(spatiale) et "t" (temporelle) :

$$u(x,t) = f(x+vt) + g(x-vt).$$

**Paramètres communs aux ondes sonores**

Ces paramètres sont ceux de tous les phénomènes ondulatoires. Ce sont : la longueur d'onde, la fréquence, la célérité ou vitesse de propagation.

Les relations entre ces 3 grandeurs sont eux aussi communs : la vitesse est égale à la longueur d'onde multipliée par la fréquence. Si on s'intéresse à des ondes sinusoïdales pures, on peut qualifier plusieurs autres caractéristiques : la direction spatiale d'origine, l'intensité, dite aussi volume ou sonie. D'autres propriétés liées à la perception et la composition sont :

**la hauteur tonale et la hauteur spectrale :** la hauteur d'un son pur correspond à sa fréquence de vibration (en Hz ou hertz, soit le nombre de vibrations périodiques par seconde), selon Claude Abromont et Eugène de Montalembert dans "Guide de la théorie de la musique" [9].

Dans [16] de Stanley A Gelfand et dans [4] de Jens Blauert, les auteurs considèrent que la perception des hauteurs relève des domaines d'études psychoacoustiques et soulignent deux types de perceptions de la hauteur d'un son :

- la perception de la hauteur spectrale : le son entendu oscille approximativement entre graves et aiguës, on peut classer tous les sons sur une échelle ;
- la perception de la hauteur tonale : différenciation assez précise de deux sons entendus proches, indépendamment de leur teneur en sons graves et en son aiguës.

On note que plus la vibration de la source sonore est rapide, plus le son sera aigu ou haut. À contrario, plus cette vibration sera lente, plus le son sera grave ou bas ;

**le rythme :**

le rythme, dans le domaine sonore, est le mouvement audible de la matière d'un son. La musique est dépendante et liée au rythme mais le rythme existe aussi hors de la musique [9]. Dès lors qu'il existe une succession de sons et de silences de durées différentes, il y a rythme, alors qu'il n'y a pas forcément une mélodie. Par contre il ne peut exister une mélodie sans rythme, un son continu n'est pas musical. Un son sans rythme est un vagissement dépourvu de sens, mais un rythme et un son suffisent à constituer une musique élémentaire.

**le timbre :**

le timbre d'un son peut-être défini comme la couleur propre de ce son, son identité. Il varie en fonction de la source sonore, et ceci indépendamment des trois

premières caractéristiques. Du point de vue acoustique ainsi que psychoacoustique le timbre est une notion très complexe qui dépend de la corrélation entre
la fréquence fondamentale et les harmoniques (ou partiels suivant leurs rapports
avec la fréquence fondamentale). On définit le timbre de la voix humaine comme
l'ensemble des caractéristiques qui permettent de l'identifier [4].

La variation d'un seul de ces paramètres produira une perception de son différente.
En acoustique, la force d'un son se mesure en décibels, il s'agit d'une grandeur liée à
des correspondances simples avec ce que perçoit l'oreille humaine. C'est une mesure
relative du bruit [4], 0 décibel (0dB) correspondant au minimum audible par l'oreille
humaine.

On peut noter que la psychoacoustique étudie l'*intensité sonore ressentie* en présence d'un son physique donné. Cette sensation de son fort, faible, doux ou aigu est
liée à la valeur efficace de la pression acoustique.

**Le son, en tant que phénomène spatio-temporel**

Il existe une relation directe entre l'espace, le temps et le son : le son se propage dans
l'espace en fonction d'une variable temps [16].

On reconnaît trois grandes classes de sons ou signaux acoustiques :

1. Impulsifs : signaux qui ne se répètent pas dans le temps et ont une enveloppe
   déterminée.

2. Périodiques : signaux dont la forme se répète dans le temps.

3. Aléatoires : signaux qui n'ont pas de caractéristiques périodiques.

Nous porterons une attention particulière à la classe des signaux sonores impulsifs
dans un autre volet de cette étude.

## 4.3   Propagation du son

Le déplacement d'une onde sonore d'un endroit vers un autre est un transport d'énergie,
sans transport de matière. Lors de la propagation en tout point atteint par l'onde, l'air
reproduit l'état de la source avec une plus faible amplitude et un retard temporel lié à la
durée du trajet. Le retard est fonction de la vitesse de propagation et de la distance qui
sépare ce point de la source. La propagation de l'onde implique :

1. que le milieu environnant la source soit *plastique*, le vide n'autorise pas une
   propagation de l'onde sonore,

2. que la source soit dans un état vibratoire : sans vibration, il n'y a pas de génération
   de propagation sonore.

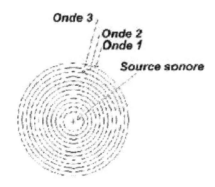

FIGURE 4.4: Train d'ondes sonores

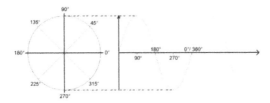

FIGURE 4.5: Représentation trigonométrique du son physique

Dans un milieu compressible comme l'air, le son se propage sous forme d'une variation de pression créée par la source sonore (figure A.2). La vibration seule, sans déplacement de matière, se transmet de proche en proche entre l'objet qui émet le bruit et notre oreille.

L'onde sonore est composée d'une fondamentale et d'harmoniques qui permettent de différencier les différents sons.

Le son se propage également dans les solides et les liquides, (mais non dans le vide), sous forme de vibrations des atomes appelés phonons. Ici aussi, seule la vibration se propage et non les atomes qui ne font que vibrer autour de leur position d'équilibre.

### 4.3.1 Propriétés spatiales des ondes sonores

Les caractéristiques spatiales de la propagation sont les suivantes :

- une onde se propage, à partir de la source, dans toutes les directions possibles,

- la perturbation se transmet de proche en proche, selon la fréquence courante,

- le transfert d'énergie s'opère sans transport de matière, les ondes peuvent se croiser sans se perturber,

- la vitesse de propagation d'une onde est une propriété du milieu de propagation.

Tous les sons (infrasons, sons, ultrasons, hypersons) se propagent de manière identique sur le même principe. Plusieurs modifications s'opèrent lors du transport de l'onde sonore : la réflexion, la diffraction, la réfraction, les interférences, l'absorption, la diffusion.

Les paramètres liés à l'architecture de la ville comme les obstacles urbains à la propagation sonore : murs, rues, arbres, parc,.... vont générer ces modifications que nous allons détailler.

**Réflexion :** Lorsqu'une onde sonore rencontre un obstacle, il y a une réflexion. L'onde incidente est réfléchie et on a une seconde onde identique à la première, mais de direction différente. Le phénomène de réverbération ou d'écho qualifie une persistance exagérée et désagréable des sons liée à des réflexions successives ramenant l'onde incidente à son point de départ.

La loi généralisée de la réflexion s'énonce :
$\sin(\theta_r) - \sin(\theta_i) = \lambda/(2\pi n_i) \cdot d\phi/dx$, où $\theta_i$ représente l'angle d'incidence et $\theta_r$ représente l'angle de réflexion On a $d\phi/dx$ représente le gradient de phase introduit de façon soudaine à l'interface et n le vecteur normal au plan incident.

**Diffraction :** Quand une onde sonore est à proximité d'un obstacle, il se produit un phénomène de contournement. Les bornes de l'obstacle deviennent des sources d'ondes secondaires, que l'on qualifie d'ondes diffractées. Intuitivement, il s'agit d'un phénomène de contournement d'obstacle.

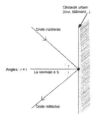
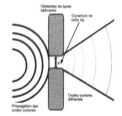

(a) Réflexion d'une onde.          (b) Diffraction

FIGURE 4.6: Diffraction - Réflexion.

**Réfraction :** Le phénomène de réfraction est dû à un changement de milieu de nature différente. L'onde est déviée, sa direction modifiée. On obtient une onde réfractée du fait de la différence de vitesse de propagation dans les 2 milieux. La modification opérée produit aussi une onde réfléchie. Une partie de l'énergie étant absorbée par l'obstacle, ces ondes secondaires sont souvent moins intenses que l'onde incidente.

La loi généralisée de la réfraction s'énonce alors ainsi :

$n_2 \cdot \sin(\theta_2) - n_1 \cdot \sin(\theta_1) = \lambda/(2\pi) \cdot d\phi/dx$,
où $d\phi/dx$ (c'est à dire : d(phi)sur dx) représente le gradient de phase introduit de façon soudaine à l'interface.

**Absorption :** Ce phénomène est lié en partie aux phénomènes de réflexions successives et de réfraction de l'onde sonore. On peut utiliser un milieu absorbant pour atténuer, voire éliminer certaines ondes sonores. De même un milieu de propagation plus dense permet d'obtenir une célérité élevée des ondes sonores.

**Interférence :** En générant plusieurs sources sonores identiques situées à une certaine distance les unes des autres on observe un phénomène d'interférence prédictible à partir des équations des sources élémentaires.

**Diffusion :** trois types de diffusion s'observent lorsqu'une onde sonore se propage en fonction du rapport longueur d'onde / taille et structure de l'obstacle :

- rétro-diffusion : ici la longueur d'onde est supérieure à la taille de l'obstacle (lorsque la longueur d'onde est plus importante que l'obstacle, l'onde sonore est réfléchie dans de multiples directions),
- antégrade : ici la longueur d'onde est égale à la taille de l'obstacle,
- multidirectionnelle : ici la longueur d'onde est inférieure à la taille de l'obstacle.

Cette dernière diffusion multidirectionnelle est celle qui est la plus courante et la plus importante lors d'une propagation d'ondes sonores en ville.

Ces principaux phénomènes liés à la propagation d'une onde sonore surviennent généralement lors de la rencontre d'un obstacle par l'onde.

Compte tenu de l'architecture complexe d'une ville, nos simulations vont simplifier les paramètres en ne considérant que les murs de bâtiments, les arbres et espaces libres tels que les rues ou les parcs. Dans une ville, la propagation de l'onde sonore est constamment déviée car l'onde change de milieu et rencontre régulièrement des obstacles. La propagation est dépendante de la nature du milieu dans lequel l'onde sonore se propage.

### 4.3.2 Métriques élémentaires : fréquences, longueur d'onde, amplitude, intensité

On considère une onde sonore Q. L'équation de son élongation $x$ en fonction du temps est :

$x = A.sin(\omega t + \varphi)$

A est l'élongation maximale, $\omega$ est la pulsation,
$(\omega = 2\pi/T = 2\pi f)$ en radian par seconde et
$\varphi$ est le déphasage ( en radian) à l'instant t0.

FIGURE 4.7: éléments d'évaluation d'onde sonore

Si la source sonore vibre de façon sinusoïdale, à la fréquence f, la pression acoustique, en un point quelconque P du champ sonore (espace entourant la source) est une fonction sinusoïdale du temps de même fréquence f :

$Pac(t) = p sin(\omega t + \varphi)$ ou $Pac(t) = Peff2sin(\omega t + \varphi)$

## 4.4 Simulation de la propagation du son par automates cellulaires

Les automates cellulaires constituent une manière de modéliser les systèmes complexes tels que les phénomènes de propagation des ondes, de diffusion de gaz ou encore d'écoulement. La raison est que les influences spatiales se calculent localement à l'instar du phénomène physique réel. Dans un modèle de simulation de propagation par automate cellulaire, on considère une grille spatiale de cellules qui évoluent suivant leur état et l'état de leurs voisins immédiats.

Un modèle cellulaire complet est un scénario dont la dimension spatiale intègre :

- l'existence de positions et directions cardinales joignables à partir des cellules ; le voisinage utilisé pour la modélisation du son est un *Von Neumann* de rayon 1.

- l'évolution de l'état incluant le contexte, obstacles, murs, arbres ainsi que des sources de bruit.

Sur l'espace discrétisé, il faudra donner à chaque cellule une fonction de transition permettant de décrire son évolution.

L'espace est donc représenté par une matrice plane de cellules. Cette grille pourrait cependant être construite en trois dimensions. Chaque cellule peut, à un instant donné, être dans un nombre fini d'états. Les règles de mise à jour sont identiques pour toutes les cellules. Chaque fois que les règles sont appliquées à l'ensemble du réseau une nouvelle génération est produite.

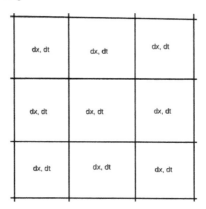

FIGURE 4.8: Matrice de cellules

## 4.4.1 Fonction de transition : voisinage, pression et vitesse

Conformément à la proposition énoncée par Radu et Ioana Dogaru dans [6], nous partons des équations différentielles partielles 4.9 représentant les équations d'ondes sonores, puis nous définissons le modèle de propagation sonore discret.

$$\frac{\rho 0}{\sigma} \frac{\partial v(x,t)}{\partial t} = -\frac{\partial p(x,t)}{\partial x} - R f v(x,t)$$

$$\frac{\sigma}{\kappa} \frac{\partial p(x,t)}{\partial t} = -\frac{\partial v(x,t)}{\partial x}$$

FIGURE 4.9: équation différentielle partielle (formule d'Alembert)

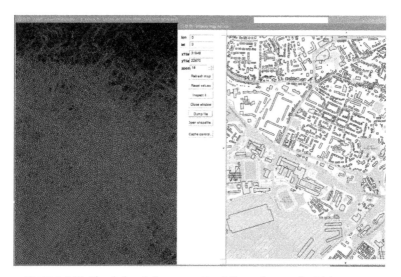

FIGURE 4.10: Simulation de la propagation à Brest : la carte des bâtiments est présentée à droite, tandis que les marbrures de gauche représentent les ventres de pression d'une source sonore. Celle-ci se repère à ses cercles concentriques, au sud est du centre de l'automate cellulaire.

## 4.4.2 Interprétation de la diffusion du son

Cette interprétation est la cible d'un simulateur qui génère des ondes sonores dans un environnement urbain. Ces ondes se propagent de proche en proche, sont réfléchies ou amorties. Le constat de ces modifications est l'objet de la simulation, permettant de diagnostiquer la puissance sonore, par exemple.

On peut distinguer plusieurs niveaux d'explication en ce qui concerne la simulation :

1. le modèle abstrait, parallèle, qui est celui de l'automate cellulaire,

2. l'exécution séquentielle de ce modèle, où on passe d'un plan à l'instant $t$ au plan suivant à l'instant $t + 1$, ce second plan étant produit par balayage en lignes et en colonnes,

3. l'exécution parallèle où les transformations sont effectuées sur une machine parallèle.

Il est bien sûr intéressant d'observer les performances relatives des deux exécutions, compte tenu de l'ambition en terme de charge de calcul. Nous avons décliné des études différentes sur les deux implémentations réalisées.

## 4.5 Implémentation séquentielle et validation

### 4.5.1 État d'une cellule, et fonction de transition

**Les paramètres d'état :** Chaque cellule est mise à jour à chaque étape de temps discret selon une règle d'interaction locale. Tout d'abord, les vitesses des particules dans les quatre directions sont mises à jour en fonction du temps, en respectant la différence de pression entre cellules voisines. La règle de la mise à jour est donnée par : [37]

$$V'a(x,t+1) = Va(x,t) - P(x+dxa,t) - P(x,t) \ .$$

*Va représente la vitesse des particules et P la pression sonore. La position des cellules est exprimée comme un vecteur (x) avec un pas de temps discret (t). Le suffixe (a) dans dxa représente l'indice des quatre voisins.* La vitesse des particules obéit en outre à :

$$Va(x,t+1) = (1-d)Va(x,t+1)$$

Cette formule exprime le mécanisme de dissipation d'énergie linéaire [37]. Cet état intègre la pression sonore P. La mise à jour de cette pression lors des étapes de l'automate cellulaire s'écrit :

$$P(x,t+1) = P(x,t) - C_a^2 \sum_a Va(x,t+1)$$

*Avec Ca = la vitesse de déplacement des ondes dans l'espace AC, Va représente la vitesse des particules et P la pression sonore.* Le coefficient d'absorption (ou constante d'amortissement du son dans l'obstacle) est un autre paramètre de la cellule. Pour l'air on aura :

d = 0.0001 Ce coefficient peut monter jusqu'à 0.8 pour les obstacles urbains courants.

**Dans les conditions CFL (Courant–Friedrichs–Lewy ou Nombre de Richard Courant), nombre sans dimension :** *Selon Toshihiko Komatsuzaki dans "Modelling of Incident Sound Wave Propagation around Sound Barriers Using Cellular Automata" on a :*

pour le cas d'un schéma en une dimension : $Co = \frac{v\Delta t}{\Delta x}$
*avec : v (vitesse dans la direction "x"), deltat (intervalle temporel) et deltax (intervalle dimensionnel).*

pour des schémas de dimension (n, ici 2), le nombre s'écrira sous la forme :
$Co = \Delta t \sum_{i=1}^{n} \frac{v_{x_i}}{\Delta x_i}$.
*Les valeurs de chaque intervalle dimensionnel pouvant être choisies indépendamment les unes des autres.*

La vitesse du son dans l'air dans des circonstances normale à 20 degrés Celsius est :
c = 344m/s
Dans l'automate cellulaire, dans les conditions CFL, la vitesse maximale des ondes devient : $Ca = 1/\sqrt{2}$. On prend donc une vitesse, pour des raisons d'applicabilité, inférieure à $1/\sqrt{2}$

Vca = 0,688 – (soit dx/dt = 500)
*Avec Vca = la vitesse retenue dans l'automate cellulaire.*

| | Comparaison :système physique - Modèle AC | | |
|---|---|---|---|
| Systèmes | Vitesse du Son | Pas de Temps | Taille Cellules |
| Physique | c = 344 [m/sec] | dt = 1/344 [sec] | dx = 0.001 [m] |
| AC 2-dim | $c < 1/\sqrt{2}$ [cell/pas] | dt = 1 [pas] | dx = 1 [cellule] |

TABLE 4.1: Équivalence des paramètres :comparaison des paramètres définis dans
l'automate avec ceux du système physique [37].

Avec ces données, le code que nous proposons peut s'écrire de la manière suivante :

```
void etape (int i, int j)
{  double p, v0, v1, v2, v3 ;
   if (S[i][j] == 0) /*
      p = P[i][j] ;           // ———————————————// pression : P[HAUTEUR][LARGEUR]
      a = A[i][j] ;           // ———————————————// attÃ©nuation A[HAUTEUR][LARGEUR]
      v0 = p - P[i-1][j] ;
      v1 = p - P[i][j-1] ;
      v2 = p - P[i+1][j] ;
      v3 = p - P[i][j+1] ;
      v0 = v0 * (1-a) ;
      v1 = v1 * (1-a) ;
      v2 = v2 * (1-a) ;
      v3 = v3 * (1-a) ;
      p = p - ((0.40 * 0.40) * (v0 + v1 + v2 + v3)) ; */
      v0 = P[i-1][j] * 0.97 ;  //——————— // 0.97 (> 0.5 et < 0.99) = 1-a (
         algorithme )
      v1 = P[i][j-1] * 0.97 ;
      v2 = P[i+1][j] * 0.97 ;
      v3 = P[i][j+1] * 0.97 ;
      p = 0.50 * (v0 + v1 + v2 + v3) - PnMoinsUn[i][j];
      //————— // P = pression sonore courante dans la cellule
      Ptmp[i][j] = p ;
   }
   else if (S[i][j] == 1)  // ———————————// Source du son S
   {  Ptmp[i][j] = source (t) ;
   }
   else   // ———————————————————————// Obstacle Ã  la propagation
   {  Ptmp[i][j] = 0 ;
   }
}
float source (double t)
{  return 3.0 * sin (2.0 * PI * 10000.0 * t);
}
void majP ()
{  int i, j ;
   for (i=0; i<HAUTEUR; i++)
   {  for (j=0; j<LARGEUR; j++)
      {
         PnMoinsUn[i][j] = P[i][j] ;
         //—————————————————// PnMoinsUn = pression Ã  l'Ã©tat prÃ©cÃ©dent
         P[i][j]         = Ptmp[i][j] ;
         //———————————————————————// Ptmp = pression de "transition" (template)
      }
   }
}
```

### 4.5.2    La cellule dans l'environnement modélisé

Une granularité moyenne pour cette simulation est une grille de 1000 X 1000 cellules représentant un million d'éléments.

Pour fixer les idées, on peut supposer une fréquence de l'onde à 10KHz, correspondant à une période de 100 microsecondes. La vitesse de propagation du son est de 344 m/s dans l'astmosphère dans les conditions normales de pression et de température à 20°C. L'espace occupé par une pulsation sonore est la longueur d'onde qui vaut 3.44cm. En cadençant un automate cellulaire à 10000 Hz, une grille dont le grain est de 3.44cm ferait franchir une cellule de cette taille à chaque période. Sur la figure 4.11, on observe la propagation de 3 sources sonores qui se composent avec des interférences, des diffractions et des réfractions.

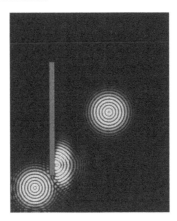

FIGURE 4.11: Simulation de propagation de 3 sources sonores, avec des longueurs d'onde repérables (stries bleues) et une barre rouge symbolisant un obstacle.

La barre verticale figure un mur avec un coefficient d'atténuation supérieur à 0.8 (résistance des murs). Il permet d'observer les phénomènes :

- d'interférence lorsque les trains d'ondes de 2 sources se rencontrent,

- de réflexion lors du contact des ondes avec le "mur".

La période : T (période) = 1/f = 0,0001 sec.
La longueur d'onde $\lambda$ vaut : $\lambda = VT = \frac{V}{f}$
Cette longueur d'onde est observable sur la figure : elle correspond à la distance entre deux cercles bleus. La pulsation ou fréquence angulaire est donnée par : $\omega = 2\pi f = 2\pi/T$
La pression sonore en un point est ainsi calculable.

## 4.6 Aspects spatiaux et exécution parallèle

Il est intéressant de représenter les comportements parallèles par des structures d'exécution parallèles. Codé séquentiellement dans un premier temps, l'automate cellulaire a donc été transcrit pour un accélérateur graphique Nvidia et programmé en CUDA. En même temps, les données structurelles de la ville ont été traduites pour permettre au système cellulaire de s'exécuter.

### 4.6.1 Géométrie de la ville et ondes sonores

Ici, la dimension physique devient importante, car les systèmes cellulaires représentent des vrais objets physiques dont les dimensions géométriques sont connues. En fonction de l'échelle, de la position géographique globale de la zone d'intérêt ou de la ville, on observe différentes tailles des cellules de l'AC dont la granularité peut également être variée. Dans la figure 4.12, les données de géolocalisation présentées en haut à gauche de l'interface conduisent à une donne de 1,586 mètre par pixel. Les structures urbaines vont se comporter à la fois comme des filtres et des systèmes de réverbération.

FIGURE 4.12: Calcul de la taille des cellule par intégration sur la carte géolocalisée de Brest. (L'outil est un des brosseurs développé par Pierre-Yves Lucas.)

La pression acoustique instantanée est une intégration des pressions sur une certaine période $t_i$,
elle oscille autour de la pression ambiante $P_a$.
On considère les variations autour d'une pression stable :

$p'(t_0) = p(t_0) - P_a . = p(t_0) - \int_{t=0}^{\infty} e^{-\frac{t}{\tau}} p(t_0 - t) \, dt$

$\tau$ permet de déterminer les fréquences de la pression acoustique.

Les effets du son sur l'oreille dépendent de la puissance des ondes sonores qui permet de déterminer le niveau sonore. La puissance sonore est proportionnelle au carré de la pression acoustique.

La valeur efficace $p_{eff}(t)$ de la pression acoustique se calcule sur une période d'intégration $t_i$ :

$$p_{eff}(t) = \sqrt{\frac{1}{t_i} \cdot \int_{t-t_i}^{t} p'^2(t) \, dt}$$

Les *sonomètres* permettent de tenir compte d'une perception humaine du son différente du niveau sonore réel en effectuant une pondération des résultats de mesures de bruit, par fréquence [16].

La figure 4.13 montre les relations entre les pressions et le voisinage d'une cellule.

### 4.6.2 Réprésentation de l'environnement

Ici, un calcul d'échelle préalable en utilisant les données des brosseurs de tuiles Mercator permet d'adapter l'échelle de la carte d'une ville à la taille des cellules de l'AC. La formule de conversion mètre en pixels est intégrée aux outils du laboratoire pour donner directement l'espace environnemental réel mesuré en mètres pour un pixel.

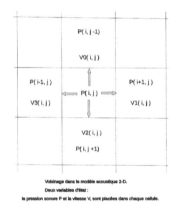

Voisinage dans le modèle acoustique 2-D.
Deux variables d'état :
la pression sonore P et la vitesse V, sont placées dans chaque cellule.

FIGURE 4.13: Pression et vitesse dans chaque cellule

### 4.6.3 L'exécution parallèle sur CUDA

```
__global__ void kernelTransition (float *t, float *SV, float *PtmpV, float *PV, float
    *PnMoinsUnV, int *d_matrice_y)
{
unsigned int i = 2*blockIdx.x + threadIdx.x ;
unsigned int j = 2*blockIdx.y + threadIdx.y ;
float p, v0, v1, v2, v3;

float pi = 3.1415926535897932384626643383;

if(i>1 && i < (*d_matrice_y - 1)){

if (SV[i * *d_matrice_y + j] == 0)
{
// ———————————————— voir contenu sequentiel pour: P , S, 0.92, Ptmp, etc..
v0 = PV[(i-1) * *d_matrice_y + j] * 0.92 ;
v1 = PV[i * *d_matrice_y + (j-1)] * 0.92 ;
v2 = PV[(i+1) * *d_matrice_y + j] * 0.92 ;
v3 = PV[i * *d_matrice_y + (j+1)] * 0.92 ;
v3 = PV[i * *d_matrice_y + (j+1)] * 0.92 ;

p = 0.54 * (v0 + v1 + v2 + v3) - PnMoinsUnV[i * *d_matrice_y + j];

// ————————————————voir contenu sequentiel pour:PnMoinsUnV etc..

PtmpV[i * *d_matrice_y + j] = p ;
}
else
{
if(SV[i * *d_matrice_y + j] == 1) // source
{
PtmpV[i * *d_matrice_y + j] = 3.0 * sin (2.0 * pi * 10000 * t[0]);
}
else // obstacle
{
PtmpV[i * *d_matrice_y + j] = 0 ;
}
}
}
PnMoinsUnV[i * *d_matrice_y + j] = PV[i * *d_matrice_y + j] ;
PV[i * *d_matrice_y + j] = PtmpV[i * *d_matrice_y + j] ;
}

void transition ()
{
dim3 dimGrid ( matrice_y/2 , matrice_x/2 ,1 ) ;
dim3 dimBlock( 2, 2, 1 ) ;
kernelTransition <<<dimGrid,dimBlock>>>(dev_time , dev_SV, dev_PtmpV, dev_PV,
    dev_PnMoinsUnV, dev_matrice_y);

// ——————— add dev_ aux variables ptmV, etc

cudaMemcpy(SV, dev_SV, matrice_y*matrice_x*sizeof(float), cudaMemcpyDeviceToHost);

// ———————————————Copie de la source sonore   CPU ——> GPU

cudaMemcpy(PV, dev_PV, matrice_y*matrice_x*sizeof(float), cudaMemcpyDeviceToHost);

// ———————————————Copie de la pression sonore CPU ——> GPU
```

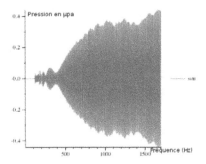

FIGURE 4.14: Contenu d'une cellule à 10Khz, 20$\mu$ sec

Détermination manuelle des paramètres des interactions et visualisation d'une sonde dans une cellule. On considère toujours deux variables d'état placées dans chaque cellule Cf figure : 4.13 la pression sonore "P" et la vitesse des particules "V".

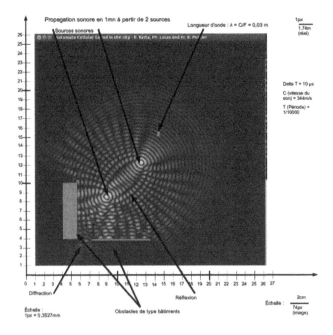

FIGURE 4.15: Calcul manuel d'échelle et de granularité...

### 4.6.4 Analyse statistique du plan cellulaire

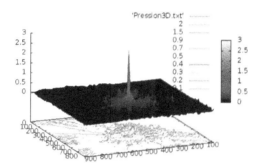

FIGURE 4.16: Représentation en 3D de la pression dans les cellules

Après récupération du plan cellulaire, il est possible de faire quelques statistiques ou de représenter les caractéristiques du son sous forme de volumes. La figure 4.16 présente la distribution de la pression sonore au dessus de la carte du site simulé. On reconnait la source et les zones subissant cette pression, ou au contraire les zones protégées.

### 4.6.5 Micros virtuels

Ce plan peut être produit, analysé et affiché. Une donnée préliminaire concerne la couverture d'une zone sonore par des capteurs. Ce que l'on fait ici est une investigation des résultats de la simulation.

Il est en premier lieu intéressant de considérer comment une implantation réelle de capteurs permettrait de capturer le son produit par des sources sonores. Chaque capteur propose une couverture physique qui est sa capacité à enregistrer le son avoisinant. La figure 4.17 présente le degré de couverture d'un réseau de capteurs en fonction de leur nombre.

La figure 4.18 présente une statistique sur le nombre de cellules en fonction de la pression.

On peut connecter des capteurs à coté de plusieurs sources sonores et y mesurer le niveau sonore grâce à une sonde placée au niveau du point représentant la source sonore, figure : 4.19.

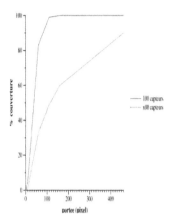

FIGURE 4.17: Couverture du réseau, nombre de capteurs concerné

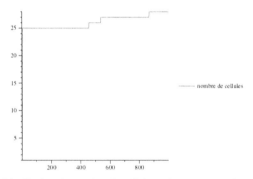

FIGURE 4.18: Distribution du nombre de cellules qui ont une pression supérieure à 1pa
à 10000hz ...

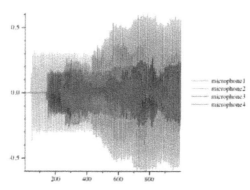

FIGURE 4.19: Graphique du niveau sonore dans les capteurs placés au niveau des sources sonores

## 4.7 Performances des exécutions séquentielles et parallèles

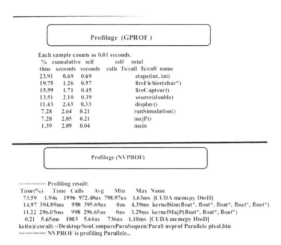

FIGURE 4.20: Profilage général (VNPROF vs GPROF) en fonction du nombre de grilles et d'itérations.

On peut procéder à une comparaison en terme de vitesse d'exécution, en faisant varier le nombre d'itérations, la taille de la grille de cellules ou encore la fréquence, etc.. entre une exécution séquentielle (CPU) et une exécution parallèle (GPU), figure : 4.20.

Code séquentiel

gprof Sequentiel gmon.out
Flat profile:

Each sample counts as 0.01 seconds.

| % | cumulative | self | | self | total | |
|---|---|---|---|---|---|---|
| time | seconds | seconds | calls | Ts/call | Ts/call | name |
| 44.52 | 1.29 | 1.29 | | | | etape(int, int) |
| 28.76 | 2.12 | 0.83 | | | | display() |
| 22.87 | 2.78 | 0.66 | | | | majP() |
| 2.43 | 2.85 | 0.07 | | | | runSimulation() |
| 1.39 | 2.89 | 0.04 | | | | main |
| 0.17 | 2.89 | 0.01 | | | | __get__cr_lgamma_table_host() |

---

Code parallèle

Nvprof parallèle pixel.bin

======== Profiling result:

| Time(%) | Time | Calls | Avg | Min | Max | Name |
|---|---|---|---|---|---|---|
| 80.50 | 4.17s | 4710 | 885.21us | 795.19us | 1.91ms | [CUDA memcpy DtoH] |
| 11.12 | 576.15ms | 785 | 733.95us | 0ns | 4.44ms | kernelSim(float*, float*, float*, float*, float*) |
| 8.26 | 427.55ms | 785 | 544.65us | 0ns | 3.29ms | kernelMajP(float*, float*, float*) |
| 0.12 | 6.07ms | 790 | 7.68us | 736ns | 1.16ms | [CUDA memcpy HtoD] |

FIGURE 4.21: Comparaison des temps d'exécution en séquentiel et en parallèle

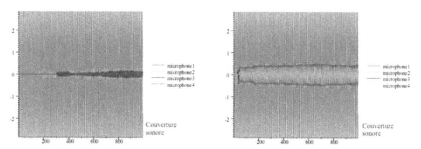

(a) Couverture sonore en exécution séquentielle.(b) Couverture sonore en exécution séquentielle

FIGURE 4.22: L'intensité sonore en fonction de la distance : comparaison de la
couverture sonore à fréquence et temps égaux (10KHz, et 20μsec) entre une exécution
parallèle et une exécution séquentielle. Quatre microphones sont placés à des
"distances" (100 cellules) de la source. Le micro1 le plus proche (couleur rouge)
montre une large couverture (amplitude) et le micro 4 à 400 cellules de distance
(couleur grise) donne une moindre amplitude

page 76 / 126

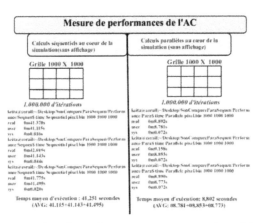

FIGURE 4.23: Comparaison des performances moyennes en séquentiel et en parallèle

## 4.8   Conclusion

Les automates cellulaires sont utilisés comme une approximation discrète des phénomènes physiques. En choisissant la bonne échelle de temps et le bon grain spatial, il est possible de représenter une situation et son évolution d'une manière proche de la réalité.

Nous avons appliqué ce modèle d'exécution à la propagation du son dans un contexte urbain, en montrant comment une ou plusieurs sources sonores peuvent être contrôlées pour émettre des signaux qui peuvent être reçus et analysés après propagation.

L'intérêt applicatif de cette démarche de simulation se situe dans le diagnostic d'évènements, ou de situations, qui concernent la vie sociale.

Le modèle d'exécution parallèle convient parfaitement bien à l'exécution de ces simulations, avec une cible évidente, les accélérateurs graphiques GPU. La composition de plusieurs simulation et leur coordination peuvent s'effectuer au niveau cellulaire en suivant une méthode normée dite *High Level Architecture* [17].

# Chapitre 5

# Détection, capture et diffusion d'historiques sonores sur des réseaux maillés

Ce chapitre est basé sur une application pratique de transmission et réception de son pervasif avec l'objectif d'organiser un système de collecte, de transport, d'enregistrement et d'exploitation des informations recueillies.

## 5.1 Organisation d'un système de collecte et de transport

Pour cette expérience, nous avons procédé à un test de capture, de numérisation, de transmission et d'enregistrement de sons entre deux points en ordre broadcast. notre chapitre est organisée en deux grandes parties :

- les opérations (acquisition et traitements) sur le son au niveau local,

- les opérations distribuées sur les données sonores.

### 5.1.1 Les opérations locales sur le son

On se base sur un réseau maillé formé de capteurs qui communiquent sans fil. Chaque noeud intègre un microcontrôleur (MCU) et le nécessaire à l'acquisition sonore : micro analogique connecté au MCU via un convertisseur analogique numérique, par exemple, ou sous-système fournissant les échantillons d'un son numérique.

L'objectif d'un tel réseau est de fournir un espace sonore à deux dimensions qui peut être de grande taille et dans lequel on va pouvoir se "déplacer" virtuellement. La grandeur observée est le son conditionné et stocké dans des mémoires locales, transmis à des serveurs, ou transmis sur le réseau.

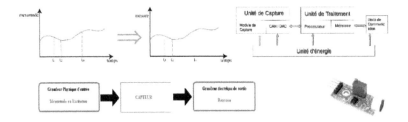

FIGURE 5.1: Définition d'un capteur

Les capteurs sont des composants de la chaîne d'acquisition dans une chaîne fonctionnelle.

- Information = grandeur abstraite précisant un évènement entre n possibles

- support physique (énergie ou signal) pour porter l'information à traiter.

Les signaux sont divers (électriques, électromagnétiques, pneumatiques, etc...) par abus de langage, un capteur physique "augmenté" ou "rendu intelligent" sera appelé capteur.

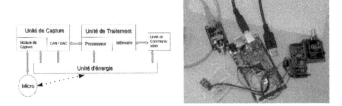

FIGURE 5.2: Définition d'un noeud de capteur

Les noeuds sont des unités fonctionnelles d'acquisition composées de un ou de plusieurs capteurs. Les noeuds d'un réseau de capteurs sonores comportent :

- un microphone,

- une unité de calcul (un microcontrôleur MCU) ici Arduino Atmel 2560),

- une unité de communication radio, ici Xbee (protocole 802.15.4).

Les traitements locaux se présentent comme suit :

- la capture du son,

- la numérisation,

- la mémorisation locale,

- le transport,

- la restitution.

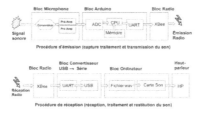

FIGURE 5.3: Maquettage d'une chaîne de traitement du son

## 5.1.2   Les opérations distribuées sur les données sonores (maillage)

Les réseaux de capteurs se rangent dans un domaine que l'on appelle informatique pervasive. Ce domaine avait été annoncé par des chercheurs américains il y a une quinzaine d'années sous la terminologie "ubiquitous computing" [40]. On peut en voir aujourd'hui la pertinence au travers de la percée de petits systèmes tels que baladeurs, téléphones portables, tablettes.

Les réseaux de capteurs interagiront bientôt avec ces systèmes mobiles, pour le bénéfice de la société. L'arrivée de ce domaine a un notable impact sur l'édifice des disciplines informatiques en donnant de plus en plus d'importance aux aspects distribués, (algorithmes, systèmes, outils). On sait que ces aspects sont difficiles à gérer pour quantités de raisons, telles que les incertitudes de fonctionnement et la nécessité de procéder collectivement, par échange de messages.

Dans ce réseau, on distingue la topologie des interconnexions radio et la topologie de couverture. Les sources sonores couvertes produisent des signaux audio qu'un ou plusieurs noeuds peuvent percevoir. Elles sont statiques ou mobiles. La finalité d'un tel réseau peut être, entre autres, une surveillance audio sélective, une écoute intégrant le filtrage sonore et le déplacement virtuel d'un observateur.

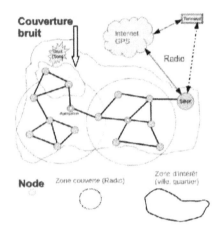

FIGURE 5.4: Synoptique du traitement distribué

On distingue des zones de :

- couverture physique sur lesquelles opèrent les capteurs,

- couverture radio sur lesquelles la transmission radio est perceptible,

- sink ou point d'accès au réseau,

- d'intérêt qui correspondront à une ville,un quartier, etc...

On y envisage des opérations locales (voir ci-dessus), des opérations distribuées et des opérations de routage (algorithmes). Les figures suivantes sont des abstractions de la façon dont la communication peut se faire dans l'application envisagée.

Cette figure est une représentation abstraite du réseau. On note des zones de couverture sonore qui se chevauchent autour des microphones et des zones de couverture radio interconnectées et recouvrant les zones sonores des noeuds. Un observateur peut se

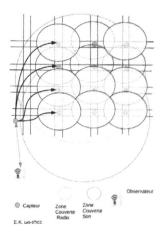

FIGURE 5.5: Synoptique de communication (couverture zones sonore/radio)

connecter au puits pour écouter le son spatialisé d'un noeud (voire de plusieurs nœuds).

Cette figure montre une architecture de communication sans fil simplifiée : un terminal mobile (D) peut se connecter à (A) internet ou au réseau satellitaire (GPRS, GSM, etc.) directement pour avoir des informations ou via la station de base (E). Dans (B), les nœuds sont en réseau dans lequel ils communiquent entre eux par multi-sauts et transmettent des informations à la station de base.

La figure ci-dessus nous montre que la situation de la source a une influence sur l'acquisition du signal par le capteur. Le capteur le plus proche enregistre la plus grande force du signal sonore. Il peut transmettre à ses voisins immédiats dans une topologie. Il peut être contraint aussi par routage de suivre un itinéraire prédéfini. (Symbolisé par les tailles variables des cercles bleus sur la grille).

## 5.1.3    Routage en OCCAM

Le synoptique de la communication par hypothèse peut être présenté comme suit :

- communication avec routage d'un paquet d'une zone d'intérêt à une autre jusqu'à un terminal demandeur,

- routage du paquet de voisin en voisin suivant un plan (par exemple de moindre consommation d'énergie).

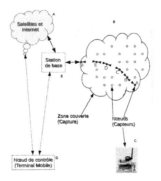

FIGURE 5.6: WSN : Architecture d'une communication

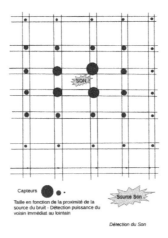

FIGURE 5.7: Capteurs et distance à la source sonore

Il ne s'agit toujours que d'une abstraction algorithmique pour se représenter l'application. Les figures suivantes représentent des abstractions algorithmiques et indiquent les modalités de communication dans l'application envisagée.

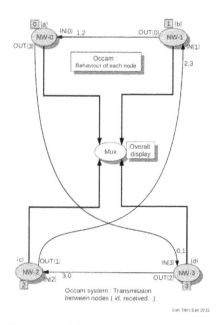

FIGURE 5.8: Algorithme distribué en Occam

Implémentation d'une moyenne de voisinage en Occam

- 4 noeuds NW - 0 à 3,

- Mux = afficheur (les nœuds ne pouvant pas afficher l'ensemble pour la sortie),

- pas est de 2.

Le noeud NW-0 reçoit du nœud NW-1 l'id ainsi que ce que NW-1 a reçu du nœud MW-2, puis transmet à son tour au nœud NW-3 son id et l'id reçu de NW-1, (soit le 0 et le 1), et ainsi de suite. La sortie est gérée par le multiplexeur qui attribue les lettres (a, b, c, d) affectées des numéros sortis de chaque noeud. On peut développer ce type de programme OCCAM pour simuler la communication entre les noeuds, de proche en proche, en y incluant des fonctions pour, par exemple, des résultats périodiques à la sortie (c'est à dire calés sur un timer).

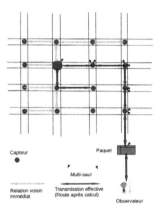

FIGURE 5.9: Synoptique de communication

Maillage de la cité Nous proposons une méthode dont l'objectif est d'évaluer l'algorithme de transport et de stockage. On procède par :

- approximation par une grille de capteurs,

- représentation géographique des capteurs,

- représentation géographique des positions des sources sonores.

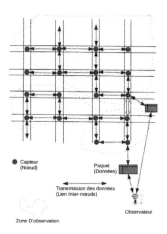

FIGURE 5.10: Synoptique de communication (transport)

```
PROC OSCapteur
    WHILE TRUE
        SEQ
            W-TDMA ()
            Capturer ()
            Attendre ()
    :

PROC Capturer
    PAR i FOR xCapteurs
        SEQ
            Enregistrer (n)
            Numeriser (n)
    :

PROC W-TDMA
    PAR
        Transmettre ()
        SEQ i FOR yVoisins
            Recevoir (n)
    :
```

TABLE 1 — Squelette de programme Occam. Le programme principal CapteurSysteme appelle deux procédures, Acquerir et ComTDMA. Entre chaque séquence d'appel, le programme se met en veille. Les mots-clés SEQ et PAR spécifient les actions à exécuter en séquence ou en parallèle respectivement.

FIGURE 5.11: Code Occam

### 5.1.4 Calcul de couverture et expérimentation

Réalisation d'une maquette intégrant les calculs de couverture (ST80 –> OCCAM) et expérimentation. On peut déterminer les couvertures radio et sonore et savoir jusqu'à quelle distance les sons sont audibles. La partie gauche du schéma représente la courbe de couverture sonore en fonction de la portée.

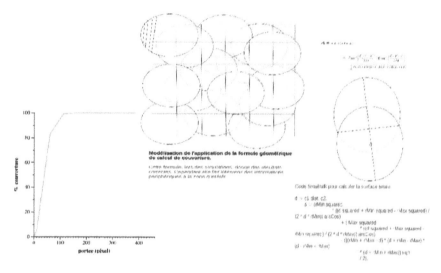

FIGURE 5.12: Calcul de couverture en Occam

## 5.2 Analyse de la contribution

Rappel des actions menées :

- acquisition, traitement et transport
- maillage de la cité (proposition méthodologique)
- routage en OCCAM
- calcul de couverture (ST 80 –> OCCAM) et expérimentation

L'examen de l'échantillon de Code Occam utilisé permet de comprendre les étapes de développement de l'algorithme. Ce code est couramment utilisé pour évaluer des

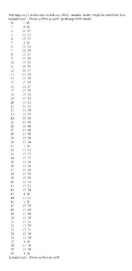

FIGURE 5.13: Trace d'éxécution

réseaux. Il calcule un diamètre de réseaux, éventuellement non connexes, puis effectue une élection de leader. Ce code est normalement accompagné d'une spécification d'architecture. Cette section ne montre pas pour l'instant ce que serait un calcul de localité, effectué sur un diamètre 2 ou 3, ainsi que les opérations d'extraction effectuées via un arbre de recouvrement. Un exemple de code de routeur est présenté en A.3.2 (AnnexeC).

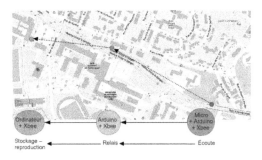

FIGURE 5.14: Expérimentation

Par ailleurs, l'algortithme "diam proto" indique les protocoles permettant de mettre les DATA TYPE (déclaration de la structure des données) dans les canaux. Un tel listing peut servir à se représenter la suite du développement, les travaux d'approfondissement sur le langage OCCAM nécessaires, mais aussi à montrer la possibilité de simuler l'application sur NetGen [29].

Lorsqu'on compile et exécute le programme (complet pour le calcul des leaders et des diamètres), on obtient la trace d'exécution ci dessous. On distingue 3 colonnes qui représentent l'Id des processus, le diamètre du réseau en face de l'id et le leader de ce réseau (toujours la même simulation ci-dessus.)

## 5.3 Conclusion et perspectives

### 5.3.1 Conclusion

A la suite de cette application pratique, nous avons une ébauche d'architecture et d'algorithmes d'un réseau sonore applicable à la perception du son dans la ville. Nous proposons les fonctions suivantes :

- transport des échantillons sonores d'un capteur vers un centre de contrôle ou vers un usager observateur,

- calcul des caractéristiques sonores en un capteur par intégration des informations sonores reçues des noeuds voisins,

- reconstitution des sons spatialisés à un endroit donné dans la zone de couverture du réseau.

A l'aide de ce système, nous souhaitons permettre la perception des sons filtrés et le déplacement virtuel dans les champs sonores instrumentés : son distribué, possibilité d'instrumenter une zone de la ville, un lieu dit, etc... à titre expérimental.

### 5.3.2 Perspectives

Cette expérimentation est :

- composable (simulation des réseaux de capteurs, NetGen - observation distribuée),

- déployable en ville sur un réseau de capteurs sonores avec la possibilité de comparer avec le modèle simulé en terme de réalisme, de performance...

- connectable à des applications du laboratoire (NetGen) [29] pour un simulateur multi-fonctions...

Ces perspectives ouvrent des champs d'investigation très intéressantes.

# Chapitre 6

# Perspectives et conclusions

## 6.1 Concepts : perception pour la personne et perception distribuée

Les réseaux de capteurs se rangent dans un domaine que l'on appelle informatique *pervasive* ou *ubiquitaire*. L'appellation "Informatique omniprésente" est une traduction qui convient également. Mark Weiser (Palo Alto Research Center) avait décrit cette prolifération d'interfaces informatiques dans un papier célèbre [40] où il notait : *"The most profound technologies are those that disappear"* Par construction ou simplement parce que ses observations étaient justes, nous vivons en 2015 des vagues d'innovations annoncées en 1991, avec une information numérique dont le volume ne cesse de croître et des facilités d'accès qui s'améliorent. Les *smartphones* sont bien sûr l'interface la plus courante, avec une alternative de plus grande taille, les tablettes. D'autres compétiteurs également annoncés sont les *objets connectés* avec diverses options, dont *Internet of Things* ou les tissus intelligents (*Wearable*).

Ces recherches sont largement dues à quelques laboratoires précurseurs, développant des visions, anticipant les technologies. Le PARC et Medialab au MIT sont deux de ces laboratoires, par ailleurs étroitement connectés aux industriels du domaine, qu'ils soient technologiques (circuits intégrés, communications, interfaces), ou applicatifs (services, matériels usagers).

A côté de l'informatique *tournée vers la personne* (human centered), d'autres forces font émerger une informatique consensuelle, distribuée. Des innovations très importantes ont ainsi été accomplies dans le domaine du positionnement et du guidage. Le déploiement du système de positionnement par satellite américain (GPS) a été démarré en 1978 pour une entrée en service effective en 1995. D'autres systèmes sont ou vont être disponibles (Russie, Europe, ...). Les récepteurs GPS sont maintenant omniprésents.

Les équipements distribués de collecte, synthèse, décision et transport de l'information se multiplient, en permettant la perception à grande échelle. La terminologie de cités intelligentes (*smart cities*) recoupe cette notion basée sur une toile de capteurs qui échantillonnent le monde physique en restituant un statut global sur ce monde. Un exemple en est les systèmes de parking développés à San Francisco pour la première fois, en 2008 [24]. Cette toile mesure la présence de véhicules sur les places de parking et transporte cette information vers un centre de contrôle. Ce centre peut être interrogé par les véhicules pour réserver et être guidé vers une place de garage, avec plusieurs effets très importants : déterminisme du choix d'une place, gains de temps en raison du guidage, réduction importante de pollution, économie significative d'énergie.

Les projets de recherche investissement activement cette dimension, pour plusieurs raisons : amélioration du confort en ville, économie d'énergies, réduction des risques liés à la pollution et au changement climatique. Les réseaux de capteurs sont l'outil permettant d'obtenir une vision synthétique à partir d'informations distribuées : perception de la ville, de ses moyens de transport, perception des nuisances telles que la pollution ou le bruit, contrôle des éclairages, mesures climatiques localisées, observation de la bio diversité, etc......

Les chapitres 2, 3 et 4 ont détaillé des méthodes permettant d'obtenir ces systèmes cellulaires avec des grains et des connectivités variables ; ils ont également montré comment simuler la diffusion du son dans ces systèmes. Le chapitre 5 a présenté une architecture de collecte et de transport basé sur des communications multi-sauts entre des noeuds qui peuvent aussi conserver des historiques ou des statistiques en interpénétration avec les systèmes cellulaires. La figure 4.16 illustre cette possibilité compatible avec les systèmes d'information géographiques et la navigation dans des outils de présentation tels que *Quickmap* [31].

Nous avons cadré nos contributions sur ce modèle distribué, en attaquant la modélisation et la simulation de la propagation des sons en présence d'obstacles ou de conduits urbains. Les systèmes cellulaires géo-localisés peuvent reproduire cette propagation et constituent un outil de conception de futurs systèmes de capteurs, ubiquitaires, résilients, caractérisant l'histoire sonore dans l'espace et le temps. Ils peuvent intégrer les résultats de simulations ou d'observations. C'est ainsi qu'ils permettent de produire des cartes statistiques ou événementielles de l'information sonore.

## 6.2 Apprentissages

Le travail réalisé est essentiellement logiciel. Toutefois, s'agissant de réseaux de capteurs, il a aussi été nécessaire de s'intéresser aux aspects matériels et à la programmation qu'il convient de situer à bas niveau, au contact des micro-contrôleurs et de leurs périphériques. Nous allons ici dresser le bilan des apprentissages effectués, puis présenter nos réalisations.

En introduction de la thèse nous avons mentionné le sujet qui concerne les PSoC de la société Cypress. Ces outils permettent de configurer des blocs logiques et de les assembler pour obtenir des fonctions architecturales. La matrice de blocs logiques est connectée à des bus qui permettent de transférer des données directement en mémoire, sous contrôle de Direct Memory Access (DMA). L'aspect très intéressant de cette architecture est la capacité à implanter des processus matériels au contact du phénomène physique, pour des conversions ou des scrutations logiques. Malheureusement la technologie et les outils de configuration sont propriétaires et ne permettent pas de construire des outils de synthèse rationalisés.

Un second apprentissage a été celui des réseaux de capteurs sans fil, sur la base des plaques Arduino et des modules radio Xbee (802.15.4). Le niveau de programmation est ici celui de librairies manipulées à partir d'un langage dont la syntaxe est proche de C et dont les programmes ont la structure d'un cycle de capteurs : initialisation puis boucle intégrant le temps de sommeil. La radio est manipulée via une interface série permettant d'émettre des commandes en bloc ou en messages. On peut adjoindre à ces aspects pratiques quelques compétences acquises sur les techniques d'acquisition, de compression et de stockage du son.

Les approfondissements critiques pour la thèse ont été celui de la propagation sonore effectuée à partir d'ouvrages fondamentaux tels que [4], et ceux qui permettent d'opérer des simulations. Ceci nous a amené d'abord sur le terrain abstrait des automates cellulaires, puis sur les plateformes parallèles. Nous avons pratiqué le langage Occam basé sur les processus communiquants ainsi que la programmation SIMD avec la plateforme de développement CUDA pour les accélérateurs graphiques.

Le tableau serait incomplet si on ne mentionnait pas les outils d'évaluation de performance et ceux qui permettent d'automatiser des bancs de mesure. Les chapitres 3 et 4 ont pu être menés à bien grâce à ces outils *Linux* qui ont permis de balayer un espace de paramétrage très large en faisant varier systématiquement des paramètres complexes : voisinages, algorithmes, architectures de réseaux.

Le contexte du laboratoire universitaire a également apporté des connaissances méthodologique sur la gestion des projets, des connaissances bibliographiques, des enseignements issus de la recherche.

## 6.3 Réalisations

La revendication principale est celle du simulateur de propagation du son. Tout d'abord réalisé par transcription séquentielle d'une fonction de transition opérant en boucle sur le tableau cellulaire, puis nous avons procédé à une réalisation en parallèle sur CUDA, pour finir par une intégration avec les systèmes cellulaires issus de Pickcell. Ce simulateur est maintenant un vrai automate cellulaire à mémoire distribuée. Nous avons corrélé cet automate à des grandeurs physiques tels que les bâtiments urbains, nous avons fait varier les fréquences et cartographié les effets.

La deuxième contribution est celle des investigations systématiques menées sur des systèmes cellulaires variés, géolocalisés, issus de cartes ou de photos. Nous avons utilisé les paramètres de Pickcell sur ces architectures, en faisant varier la dimension et donc le nombre de cellules, l'indice de classification qui caractérise le nombre de classes obtenues ainsi que la connectivité de voisinage. Ces systèmes cellulaires ont été associés à quelques algorithmes classiques en distribué, qui ont été compilés et exécutés. On sait donc que la méthode est robuste et on connaît les performances vis à vis de Occam, en temps de compilation et d'exécution.

La troisième revendication est une validation pratique que nous avons eu du plaisir à réaliser. Il s'agit d'une chaîne construite sur des plaques Arduino/XBee qui assemble une acquisition analogique, via un micro connecté au convertisseur ADC du micro-contrôleur ; les données sont encodées en format GSM, paquétisées, et transmises par radio. Après un routage radio à un saut, les paquets sont reçus sur un récepteur également Arduino Xbee. Le contenu des paquets est décodé, présenté à un convertisseur DAC et les sons sont reproduits via un amplificateur. D'autres variantes ont fait appel à du stockage et des restitutions Linux en utilisant un logiciel public libre, *mplayer*.

## 6.4 Perspectives

Les réseaux de capteurs sont un élément dans le paysage numérique actuel dont un des domaines les plus cités est celui des objets communiquants promis à des développements importants. Le son pervasif peut être un élément de ce contexte, avec la possibilité de visiter ou surveiller des sites distants, à la maison, ou dans la rue, de manière diffuse.

Il n'y a guère de doute sur l'intérêt des réseaux sonores en ville, des laboratoires se sont déjà intéressés à des instrumentations majeures, à grande échelle[1] : la voiture arrive à proximité de la barrière et commande son ouverture automatique. Les objets "parlent" entre eux.

Un autre aspect porteur est la généralité de l'approche choisie. Nous propageons le son, mais qu'en est-il d'autres phénomènes physiques, tels que la lumière, les ondes radio, la pollution ? Quel effort pour transposer ces travaux à d'autres domaines, ville, campagne, corps humain ? La recherche continue....

---

[1] Ville de Assen et Incas3, Pays-bas

# Annexe A

# Relevés et statistiques

## A.1    AnnexeA

### A.1.1    Temps de compilation et d'exécution

| Mesures temporelles | | | | |
|---|---|---|---|---|
| Temps de compilation et d'exécution le *"user time"* sur *"corail"* (4 CPU) | | | | |
| Voisinages Min | campusBâtiments | campusJardin | nigerCarte | nigerPhoto |
| Von Neumann1 | 0m0.056 sec | 0m0.028 sec | 0m0.032 sec | 0m0.040 sec |
| Moore1 | 0m0.024 sec | 0m0.040 sec | 0m0.048 sec | 0m0.036 sec |
| Von Neumann2 | 0m0.028 sec | 0m0.068 sec | 0m0.048 sec | 0m0.032 sec |
| Moore2 | 0m0.032 sec | 0m0.048 sec | 0m0.056 sec | 0m0.028 sec |

TABLE A.1: Connectivité (CC) : variable et SC : variable - Test de 3 comportements simultanément : leader, diamètre et acheminement.

| Mesures temporelles | | | | |
|---|---|---|---|---|
| Temps de compilation et d'exécution - *le "user time"* sur *"agathe"* (8 CPU) | | | | |
| Voisinages Min | campusBâtiments | campusJardin | nigerCarte | nigerPhoto |
| Von Neumann1 | 0m0.012 sec | 0m0.008 sec | 0m0.020 sec | 0m0.004 sec |
| Moore1 | 0m0.012 sec | 0m0.008 sec | 0m0.028 sec | 0m0.004 sec |
| Von Neumann2 | 0m0.004 sec | 0m0.008 sec | 0m0.024 sec | 0m0.012 sec |
| Moore2 | 0m0.008 sec | 0m0.012 sec | 0m0.028 sec | 0m0.012 sec |

TABLE A.2: Connectivité : variable et SC : variable - Test de 3 comportements simultanément : leader, diamètre et acheminement.

| Mesures temporelles | | | | |
|---|---|---|---|---|
| Temps de compilation et d'exécution le *"user time"* sur *"corail"* (4 CPU) | | | | |
| Voisinages Min | campusBâtiments | campusJardin | nigerCarte | nigerPhoto |
| Von Neumann1 | 0m0.024 sec | 0m0.020 sec | 0m0.048 sec | 0m0.028 sec |
| Moore1 | 0m0.012 sec | 0m0.028 sec | 0m0.024 sec | 0m0.020 sec |
| Von Neumann2 | 0m0.008 sec | 0m0.024 sec | 0m0.028 sec | 0m0.016 sec |
| Moore2 | 0m0.028 sec | 0m0.020 sec | 0m0.016 sec | 0m0.016 sec |

TABLE A.3: Connectivité : variable et SC : variable - Test de 1 comportement : propagation des ondes sonores.

| Mesures temporelles | | | | |
|---|---|---|---|---|
| Temps de compilation et d'exécution - *le "user time"* sur *"agathe"* (8 CPU) | | | | |
| Voisinages Min | campusBâtiments | campusJardin | nigerCarte | nigerPhoto |
| Von Neumann1 | 0m0.020 sec | 0m0.012 sec | 0m0.024 sec | 0m0.012 sec |
| Moore1 | 0m0.012 sec | 0m0.008 sec | 0m0.028 sec | 0m0.008 sec |
| Von Neumann2 | 0m0.008 sec | 0m0.008 sec | 0m0.028 sec | 0m0.008 sec |
| Moore2 | 0m0.016 sec | 0m0.012 sec | 0m0.024 sec | 0m0.012 sec |

TABLE A.4: Connectivité : variable et SC : variable - Test de 1 comportement : propagation des ondes sonores.

| Calcul temporel de la propagation des ondes sonores sur 1 machine à 4 CPU – CC: Variable, SC: Variable | | | | |
|---|---|---|---|---|
| Voisinages Min | campusBâtiments | campusJardin | nigerCarte | nigerPhoto |
| Von Newmann1 | 24 | 20 | 48 | 28 |
| Moore1 | 12 | 28 | 24 | 20 |
| Von Newmann2 | 8 | 24 | 28 | 16 |
| Moore2 | 28 | 20 | 16 | 16 |

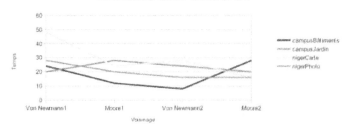

| Calcul temporel de la propagation des ondes sonores sur 1 machine à 8 CPU – CC: Variable, SC: Variable | | | | |
|---|---|---|---|---|
| Voisinages Min | campusBâtiments | campusJardin | nigerCarte | nigerPhoto |
| Von Newmann1 | 20 | 12 | 24 | 12 |
| Moore1 | 12 | 8 | 28 | 8 |
| Von Newmann2 | 8 | 8 | 28 | 8 |
| Moore2 | 16 | 12 | 24 | 12 |

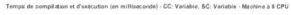

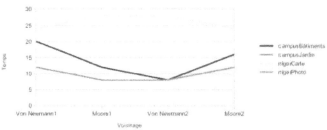

Temps en fonction du voisinage

FIGURE A.1: Calcul du temps de compilation et d'exécution de la propagation du son sur une machine à 4 CPU et sur une machine à 8 CPU - CC : variable et SC :variable.

## A.2   AnnexeB

### A.2.1   Données statistiques

| Analyse statistique du campus de l'UBO | | | | |
|---|---|---|---|---|
| CC : variable - CS : variable - Granularité : 10@10 | | | | |
| Voisinages Min | Processus | Canaux | MinFanOut | MaxFanOut |
| Von Neumann1 | 651 cellules | 1524 | 1 | 4 |
| Moore1 | 652 cellules | 2266 | 1 | 8 |
| Von Neumann2 | 655 cellules | 3474 | 1 | 12 |
| Moore2 | 657 cellules | 5086 | 1 | 24 |

TABLE A.5: Option : Minimum - Espaces : libres - Diviseur :4 - Granularité 10@10

| Analyse statistique du campus de l'UBO - Granularité 10@10 | | | | |
|---|---|---|---|---|
| CC : variable - CS : variable - Granularité : 10@10 | | | | |
| Voisinages Min | Processus | Canaux | MinFanOut | MaxFanOut |
| Von Neumann1 | 57 cellules | 76 | 1 | 2 |
| Moore1 | 61 cellules | 106 | 1 | 4 |
| Von Neumann2 | 69 cellules | 154 | 1 | 5 |
| Moore2 | 71 cellules | 208 | 1 | 9 |

TABLE A.6: Option : Moyenne (Mean) - Espaces : les bâtiments (obstacles) -
Diviseur :4

| Analyse statistique du campus de l'UBO - Granularité 10@10 | | | | |
|---|---|---|---|---|
| CC : variable - CS : variable - Granularité : 10@10 | | | | |
| Voisinages Min | Processus | Canaux | MinFanOut | MaxFanOut |
| Von Neumann1 | 2 cellules | 2 | 1 | 1 |
| Moore1 | 2 cellules | 2 | 1 | 1 |
| Von Neumann2 | 3 cellules | 4 | 1 | 2 |
| Moore2 | 5 cellules | 6 | 1 | 2 |

TABLE A.7: Option : Moyenne (Mean) - Espaces : libres - Diviseur :4

**Granularité**

| Analyse statistique : Voisinage de Von N. de distance 1 | | | | |
|---|---|---|---|---|
| CC : fixe - CS : variable - Granularité : variable | | | | |
| Voisinages Neumann 1 | Processus | Canaux | MinFanOut | MaxFanOut |
| Grille 1@1 | xxx cellules | yyy | z | w |
| Grille 2@2 | 431 cellules | 782 | 1 | 4 |
| Grille 3@3 | 323 cellules | 716 | 1 | 4 |
| Grille 5@5 | 201 cellules | 522 | 1 | 4 |
| Grille 6@6 | 171 cellules | 470 | 1 | 4 |
| Grille 7@7 | 149 cellules | 432 | 1 | 4 |
| Grille 8@8 | 126 cellules | 382 | 1 | 4 |
| Grille 9@9 | 93 cellules | 238 E | 1 | 4 |
| Grille 10@10 | 89 cellules | 264 E | 1 | 4 |
| Grille 15@15 | 50 cellules | 142 | 1 | 4 |
| Grille 20@20 | 32 cellules | 84 | 1 | 4 |
| Grille 25@25 | 26 cellules | 64 | 1 | 4 |
| Grille 30@30 | 18 cellules | 38 | 1 | 4 |
| Grille 40@40 | 12 cellules | 22 | 1 | 3 |
| Grille 50@50 | 10 cellules | 18 | 1 | 2 |
| Grille 70@70 | 4 cellules | 8 | 2 E | 2 E |
| Grille 100@100 | 3 cellules | 4 | 1 | 2 |

TABLE A.8: Campus de l'UBO : Variation de la Granularité de 1@1 à 100@100 sur classe (4) fixe.

| Analyse statistique : Voisinage de Moore de distance 1 | | | | |
|---|---|---|---|---|
| CC : fixe - CS : variable - Granularité : variable | | | | |
| Voisinages Moore 1 | Processus | Canaux | MinFanOut | MaxFanOut |
| Grille 5@5 | 205 cellules | 914 | 1 | 8 |
| Grille 7@7 | 150 cellules | 792 | 1 | 8 |
| Grille 10@10 | 91 cellules | 494 | 1 | 8 |
| Grille 15@15 | 50 cellules | 254 | 3 | 8 |
| Grille 20@20 | 32 cellules | 148 | 3 | 8 |
| Grille 25@25 | 26 cellules | 104 | 1 | 8 |
| Grille 30@30 | 18 cellules | 58 | 1 | 8 |
| Grille 40@40 | 12 cellules | 32 | 1 | 5 |
| Grille 50@50 | 10 cellules | 26 | 1 | 3 |

TABLE A.9: Campus de l'UBO : Variation de la Granularité de 5@5 à 50@50 sur classe (4) fixe.

| Analyse statistique : Voisinage de V. Neumann de distance 2 | | | | |
|---|---|---|---|---|
| CC : fixe - CS : variable - Granularité : variable | | | | |
| Voisinages Neumann 2 | Processus | Canaux | MinFanOut | MaxFanOut |
| Grille 5@5 | 206 cellules | 1334 | 1 | 11 |
| Grille 7@7 | 151 cellules | 1140 | 1 | 12 |
| Grille 10@10 | 91 cellules | 680 | 1 | 12 |
| Grille 15@15 | 52 cellules | 344 | 1 | 12 |
| Grille 20@20 | 32 cellules | 196 | 4 | 10 |
| Grille 25@25 | 26 cellules | 132 | 1 | 9 |
| Grille 30@30 | 18 cellules | 72 | 1 | 8 |
| Grille 40@40 | 12 cellules | 38 | 2 | 5 |
| Grille 50@50 | 10 cellules | 28 | 1 | 4 |

TABLE A.10: Campus de l'UBO : Variation de la Granularité de 5@5 à 50@50 sur classe (4) fixe.

| Analyse statistique : Voisinage de Moore de distance 2 | | | | |
|---|---|---|---|---|
| CC : fixe - CS : variable - Granularité : variable | | | | |
| Voisinages Moore 2 | Processus | Canaux | MinFanOut | MaxFanOut |
| Grille 5@5 | 208 cellules | 2202 | 1 | 23 E |
| Grille 8@8 | 129 cellules | 1742 | 1 | 24 |
| Grille 10@10 | 91 cellules | 1142 | 1 | 24 |
| Grille 15@15 | 52 cellules | 528 | 1 | 23 |
| Grille 20@20 | 32 cellules | 280 | 5 | 16 |
| Grille 25@25 | 26 cellules | 176 | 1 | 11 |
| Grille 50@50 | 10 cellules | 30 | 1 | 4 |
| Grille 100@100 | 4 cellules | 12 | 3 E | 3 E |

TABLE A.11: Campus de l'UBO : Variation de la Granularité de 5@5 à 100@100 sur classe (4) fixe.

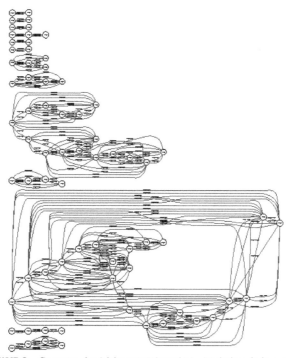

(a) Campus de l'UBO - Contours des bâtiments (obstacles) - Variation de la granularité de l'AC

FIGURE A.2: Exemple de réseau généré Voisinage de Moore - Distance de 2.

**Classe (diviseur)**

| Analyse statistique : Voisinage de Von N. de distance 1 | | | | |
|---|---|---|---|---|
| CC : fixe - CS : variable - Granularité : fixe - classe variable | | | | |
| Voisinages Neumann 1 | Processus | Canaux | MinFanOut | MaxFanOut |
| Classe 1 | 6741 cellules | 26598 | 2 | 4 |
| Classe 2 | 652 cellules*** | 1528 | 1 | 4 |
| Classe 3 | 19 cellules** | 46 | 1 | 4 |
| Classe 4 | 91 cellules | 266 | 1 | 4 |
| Classe 5 | 53 cellules* | 170 | 1 | 4 |
| Classe 6 | 51 cellules* | 166 | 1 | 4 |

TABLE A.12: Campus de l'UBO : Variation de la classe (diviseur) sur granularité (10@10) fixe.

| Analyse statistique : Voisinage de Moore de distance 1 | | | | |
|---|---|---|---|---|
| CC : fixe - CS : variable - Granularité : fixe - classe variable | | | | |
| Voisinages Moore 1 | Processus | Canaux | MinFanOut | MaxFanOut |
| Classe 1 | 6741 cellules | 52872 | 3 | 8 |
| Classe 2 | 653 cellules*** | 2270 | 1 | 8 |
| Classe 3 | 24 cellules E | 106 | 2 | 8 |
| Classe 4 | 91 cellules* | 494 | 1 | 8 = VN1 |
| Classe 5 | 53 cellules | 318 | 1 | 8 |
| Classe 6 | 51 cellules* | 314 | 1 | 8 |

TABLE A.13: Campus de l'UBO : Variation de la classe (diviseur) sur granularité (10@10) fixe.

| Analyse statistique : Voisinage de V. Neumann de distance 2 | | | | |
|---|---|---|---|---|
| CC : fixe - CS : variable - Granularité : fixe - classe variable | | | | |
| Voisinages Neumann 2 | Processus | Canaux | MinFanOut | MaxFanOut |
| Classe 1 | 6741 cellules | 79140 | 5 | 12 |
| Classe 2 | 656 cellules | 3482 | 1 | 12 |
| Classe 3 | 24 cellules E | 134 | 2 | 11 |
| Classe 4 | 91 cellules* | 680 | 1 | 12 = M1 |
| Classe 5 | 53 cellules | 456 | 2 | 12 |
| Classe 6 | 51 cellules* | 448 | 1 | 12 |

TABLE A.14: Campus de l'UBO : Variation de la classe (diviseur) sur granularité (10@10) fixe.

| Analyse statistique : Voisinage de Moore de distance 2 | | | | |
|---|---|---|---|---|
| CC : fixe - CS : variable - Granularité : fixe - classe variable | | | | |
| Voisinages Moore 2 | Processus | Canaux | MinFanOut | MaxFanOut |
| Classe 1 | 6741 cellules | 156658 | 8 | 24 |
| Classe 2 | 658 cellules *** | 5094 | 1 | 24 |
| Classe 3 | 24 cellules E | 208 | 2 | 16 |
| Classe 4 | 91 cellules* | 1142 | 1 | 24 = VN2 |
| Classe 5 | 54 cellules | 804 | 1 | 24 |
| Classe 6 | 51 cellules* | 794 | 1 | 24 |

TABLE A.15: Campus de l'UBO : Variation de la classe (diviseur) sur granularité (10@10) fixe.

(*** = Résultat sur l'espace libre (sans bâtiments) car les bâtiments non colorables en classe2.) (** = Nombre de classes "ajoutées est différent pour meilleures résultats.) (* = ajustement optimal.)

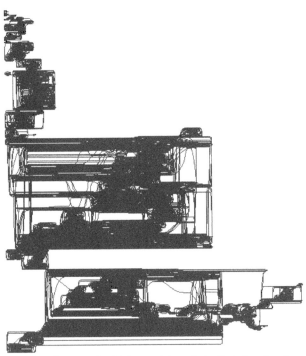

(a) Campus de l'UBO - Contours des bâtiments (obstacles) - Variation des classes du système

FIGURE A.3: Exemple de réseau généré - Voisinage de Moore - Distance de 2.

# A.3 AnnexeC

## A.3.1 Exemple de comportements : Positions et directions cardinales

```
——— Essai2
PROC CellNode([] CHAN OF diam.proto inPos, outPos, VAL INT Id, CHAN OF BYTE toMux)
  INT p: — position dans la cellule
  INT dir: — direction
  [8]BYTE Nom:
  [MaxFanOut]Position positionVoisins:
  [MaxFanOut]Position positionOut:
  [8]BYTE n:
  Position position:
  Position posV:
  INT typeCellule:
  [MaxFanOut]Direction direction:
  Direction dir:
  INT posEspace, posY, valX, valY, lonX, lonY:

  SEQ
    — Nom du processus
    Nom:= NetProcess[Id]
    .
    .
          positionNoeud ; positionVoisins[i]
            SKIP

    — Calcul des directions cardinales
    SEQ i = 0 FOR SIZE positionVoisins
      SEQ
        posV := positionVoisins[i]
      — Est / Ouest
        IF
          posV[x] > position[x]
            — Est
            SEQ
              dir[est]   := TRUE
              dir[ouest] := FALSE
          posV[x] < position[x]
            — Ouest
            SEQ
              dir[ouest] := TRUE
              dir[est]   := FALSE
          TRUE
            SEQ
              dir[ouest] := FALSE
              dir[est]   := FALSE
    — Nord / Sud
    .
    .

    — On indique la direction au multiplexeur
    .
    .
              SKIP
    toMux ! '*n'
:
```

## A.3.2 Exemple de code de routage Occam

```
—   Trace  produite :
—   Canal   diam  lead   nom          route  distance
—   12       1     12    P18           −1     0

VAL INT PacketSize IS 16:

DATA TYPE Route
  RECORD
    INT nodeId :
    INT distance :
    INT channelIndex :
:

DATA TYPE RoutingTable IS [MaxNodes]Route :

DATA TYPE Packet IS [PacketSize]BYTE:

PROTOCOL diam.proto
  CASE
    table ; RoutingTable
    packet ; Packet
    max ; INT
    null ; BYTE
:


PROC InitTable (RoutingTable tab , VAL INT id )
  SEQ
    tab[0][nodeId] := id
    tab[0][distance] := 0
    tab[0][channelIndex] := −1
    SEQ i=1 FOR MaxNodes−1
      SEQ
        tab[i][nodeId] := −1
        tab[i][distance] :=0
        tab[i][channelIndex] := −1
:

—  Presente la totalite de la table de routage
PROC DumpTable (RoutingTable tab , CHAN OF BYTE print )
  INT len ,max :
  SEQ
    len :=0
    max :=0
    SEQ i =0 FOR MaxNodes
      IF
        tab[i][nodeId] >0
          SEQ
            len := len +1
            IF
              tab[i][distance] >max
                max := tab[i][distance]
              TRUE
                SKIP
            out.number (tab[i][nodeId],4,print)
            out.number (tab[i][distance],4,print)
            out.number (tab[i][channelIndex],4,print)
            print ! '*t'
        TRUE
          SKIP
    print ! '('
```

```
      out.number(len ,4 ,print)
      out.number(max,4 ,print)
      print ! ')'
      print ! '*n'
:


PROC UpdateDistanceMax(RoutingTable tab , INT maxloc)
   INT max:
   SEQ
      max:=maxloc
      SEQ i=0 FOR MaxNodes
         IF
            tab[i][nodeId] >0
               SEQ
                  IF
                     tab[i][distance] >max
                        max:= tab[i][distance]
                     TRUE
                        SKIP
            TRUE
               SKIP
      maxloc:=max
:


PROC IntegrerTableRecue(RoutingTable tab , inTab ,VAL INT channelIndex , BOOL changed)

   BOOL found ,tabEnd ,inTabEnd:
   INT i ,j:
   SEQ
      inTabEnd := FALSE
      j := 0
      WHILE NOT inTabEnd
      -- SEQ j=0 FOR MaxNodes -- pour chaque j de inTab
         SEQ
            found := FALSE
            tabEnd := FALSE
            i := 0
            -- SEQ i=0 FOR MaxNodes -- pour chaque i de tab
            WHILE NOT tabEnd
               SEQ
                  IF
                     inTab[j][nodeId] >=0
                        SEQ
                           found := ( found   ) OR ( tab[i][nodeId]= inTab[j][nodeId])
                           IF
                              (NOT found ) AND ( tab[i][nodeId] < 0 )
                                 SEQ
                                    tab[i][nodeId] := inTab[j][nodeId]
                                    tab[i][distance] := inTab[j][distance]+ 1
                                    tab[i][channelIndex] := channelIndex
                                    changed := TRUE
                                    found := TRUE
                                    tabEnd := TRUE
                              TRUE
                                 SKIP
                     TRUE
                        inTabEnd := TRUE
                  i := i+1
                  IF
                     i=MaxNodes
                        tabEnd := TRUE
                     TRUE
                        SKIP
```

```
            j := j+1
            IF
              j=MaxNodes
                inTabEnd := TRUE
              TRUE
                SKIP
:

— Mux  est  notre  observateur  dans  le  èsystme
PROC Mux([]CHAN OF BYTE muxTab, CHAN OF BYTE out)

  BYTE c:
  — TIMER time:
  — INT t:
  SEQ i=0 FOR ( MaxNodes)
    ALT i=0 FOR SIZE muxTab
      muxTab[i] ? c
        SEQ
          out.number(i,4,out)
          out !'*t'
          — pas d'estampille  dans  cette  version
          — time ? t
          — out.number(t,4,out)
          — out !'*t'
          out ! c
          WHILE c <> '*n'
            SEQ
              muxTab[i] ? c
              out ! c
:


— Procedure definitions
PROC Node( []CHAN OF diam.proto in ,[]CHAN OF diam.proto out, VAL INT  identity , CHAN
    OF BYTE toMux)
   — messages declaration Node
  [MaxFanOut]RoutingTable inMessages:
  [MaxFanOut]RoutingTable outMessages:
  [MaxFanOut]INT inMax:
  [MaxFanOut]INT outMax:
  RoutingTable MyTable,dummyTable:
  INT maxloc,maxglob,diametre,leader:

  PROC RouteToNode(INT node,channelIndex, distance)
    SEQ i=0 FOR MaxNodes
      IF
        MyTable[i][nodeId] = node
          SEQ
            channelIndex := MyTable[i][channelIndex]
            distance := MyTable[i][distance]
        TRUE
          SKIP
  :
  PROC PrintName(VAL INT identity ,CHAN OF BYTE toMux)

    SEQ
      SEQ i=0 FOR SIZE NetProcess[0]
        toMux ! NetProcess[identity][i]
      toMux ! '*t'
  :


  PROC BuildPacket(INT dest,source, Packet Paquet)
    SEQ
      Paquet[0] := (BYTE dest)
```

```
      Paquet[1] := (BYTE source)
  :

  PROC Router( []CHAN OF diam.proto in ,[]CHAN OF diam.proto out)

    [MaxFanOut]Packet inMessages:
    [MaxFanOut]Packet outMessages:
    [MaxFanOut]BOOL inTags:
    [MaxFanOut]BOOL outTags:
    SEQ i=0 FOR MaxNodes
      SEQ
        SKIP
  :


--- Show how the code should be structured for reuse
-- as it is not the case presently for distance and diameter computations
  PROC Leader( []CHAN OF diam.proto in ,[]CHAN OF diam.proto out)
    -- messages declaration Node
    [MaxFanOut]INT inMessages:
    [MaxFanOut]INT outMessages:
    INT maxLocal:
    SEQ
      maxLocal := identity
      SEQ i=0 FOR SIZE out
        outMessages[i] := maxLocal
      SEQ tours = 0 FOR diametre
        SEQ
          PAR
            PAR i=0 FOR SIZE in
              in[i] ? CASE
                max ; inMessages[i]
                  IF
                    inMessages[i]>maxLocal
                      maxLocal := inMessages[i]
                    TRUE
                      SKIP
            PAR i=0 FOR SIZE out
              out[i] ! max ; outMessages[i]
          SEQ i=0 FOR SIZE in
            IF
              inMessages[i]>maxLocal
                maxLocal := inMessages[i]
              TRUE
                SKIP
          SEQ i=0 FOR SIZE out
            outMessages[i] := maxLocal
      leader:=maxLocal
  :

  PROC Routage( []CHAN OF diam.proto in ,[]CHAN OF diam.proto out)
    -- messages declaration Node
    [MaxFanOut]INT inMessages:
    [MaxFanOut]INT outMessages:
    INT maxLocal:
    SEQ
      maxLocal := identity
      SEQ i=0 FOR SIZE out
        outMessages[i] := maxLocal
      SEQ tours = 0 FOR diametre
        SEQ
          PAR
            PAR i=0 FOR SIZE in
              in[i] ? CASE
                max ; inMessages[i]
```

```
              IF
                  inMessages[i]>maxLocal
                      maxLocal := inMessages[i]
                  TRUE
                      SKIP
          PAR i=0 FOR SIZE out
              out[i] ! max ; outMessages[i]
        SEQ i=0 FOR SIZE in
          IF
              inMessages[i]>maxLocal
                  maxLocal := inMessages[i]
              TRUE
                  SKIP
        SEQ i=0 FOR SIZE out
            outMessages[i] := maxLocal
    leader:=maxLocal
:

BYTE nullByte:
[MaxFanOut]BOOL tags:
BOOL externalChange, internalChange:
INT routeToLeader, distanceToLeader:
  -- Code of procedure Node
SEQ
--    PHASE CALCUL DISTANCES
--    This is a first approach, known to be sub-optimal: most of the
--    Table communications are useless
    InitTable(MyTable, identity)
    SEQ i=0 FOR SIZE outMessages
      outMessages[i] := MyTable
    internalChange := TRUE
    SEQ tours = 0 FOR MaxNodes
      SEQ
        externalChange := FALSE
        PAR
          PAR i=0 FOR SIZE in
            in[i] ? CASE
              table ; inMessages[i]
                  SEQ
                    tags[i]:=TRUE
                    externalChange :=TRUE
              null ; nullByte
                  tags[i]:=FALSE
          IF
            internalChange
              PAR j=0 FOR SIZE out
                out[j] ! table; outMessages[j]
            TRUE
              PAR j=0 FOR SIZE out
                out[j] ! null; nullByte
        internalChange:=FALSE
        IF
          externalChange
            SEQ i=0 FOR SIZE in
              IF
                tags[i]
                  IntegrerTableRecue(MyTable,inMessages[i],i, internalChange)
                TRUE
                  SKIP
          TRUE
            SKIP
        IF
          internalChange
            SEQ i=0 FOR SIZE outMessages
              outMessages[i] := MyTable
```

```
            TRUE
              SKIP
          -- DumpTable(MyTable , toMux)
          -- and tune your Mux loops for having this to work.



  --    PHASE CALCUL DIAMETRE
      maxloc:=0
  -- Calcule le max local dans la table locale et maxloc
      UpdateDistanceMax(MyTable,maxloc)
  -- Presente ce maximum aux voisins pour propagation
      SEQ i=0 FOR SIZE outMessages
        outMax[i] := maxloc
  -- Entre dans la boucle synchrone effectuant le calcul de max global
      SEQ tours = 0 FOR MaxNodes
        SEQ
          PAR
            PAR i=0 FOR SIZE in
              in[i] ? CASE
                max ; inMax[i]
                  SKIP
                table ; dummyTable -- inoperant
                  SKIP
            PAR j=0 FOR SIZE out
              out[j] ! max ; outMax[j]

  -- Changement d'etat : mise a jour de la distance max localement
          SEQ i=0 FOR SIZE in
            SEQ
              maxglob := inMax[i]
              IF
                maxglob > maxloc
                  maxloc := maxglob
                TRUE
                  SKIP

  -- Preparation du tour suivant : le max passe dans les buffers sortants
          SEQ i=0 FOR SIZE outMessages
            outMax[i] := maxloc

  -- Apres les tours synchrones, tout le monde a le diametre de son reseau
      diametre := maxloc

  -- Appel de procedure pour calculer le Leader
      Leader(in,out)

  -- Appel de procedure pour calculer les routes
      RouteToNode(leader,routeToLeader,distanceToLeader)

  -- Production d'une trace pour le diametre et le leader
      out.number(diametre,4,toMux)
      out.number(leader,4,toMux)
      toMux ! '*t'

  -- Production d'une trace pour l'identite , l'index de la route au Leader et la
      distance
      PrintName(identity,toMux)
      out.number(routeToLeader,4,toMux)
      out.number(distanceToLeader, 4,toMux)
      toMux ! '*n'
      -- tous les phases suivantes seront SEQ i=0 FOR diametre !!!!
  :
```

# Table des figures

# Liste des tableaux

# Bibliographie

[1] Dufaux Alain. Detection and recognition of impulsive sound signals. *Thesis-IMT Neuchaâtel Switzerland*, 2001.

[2] Kahina Ammouche. Interpolation des mesures du signal radio reçu. Technical report, Master UBO, June 2011.

[3] Cécile Appert and Ludger Santen. Modélisation du trafic routier par des automates cellulaires. *Actes INRETS 91*, 2002.

[4] Jens Blauert. *Spatial Hearing : the psychophysics of human sound localization*. MIT Press, Cambridge, MA *Revised Ed.*, 1983.

[5] Carmena and Jose M. Towards a bionic bat : A biomimetic investigation of active sensing, doppler-shift estimation, and ear morphology design for mobile robots. *Thesis*, 2001.

[6] Radu Dogaru and Ioana Dogaru. An efficient sound propagation software simulator based on cellular automata. *ISEEE - 3rd International Symposium*, Sept. 2010.

[7] Hritam Dutta, Thibault Failler, Nicolas Melot, Bernard Pottier, and Serge Stinckwich. An execution flow for dynamic concurrent systems : simulation of WSN on a Smalltalk/CUDA environment. In *Proceedings of SIMPAR 2010 Workshops Intl. Conf. on simulation, modeling and programming for autonomous robots*, Dynamic languages for robotic and sensors systems (DYROS), pages 290 – 295, Darmstadt, Germany, 15-16 novembre 2010.

[8] Taylor M. E. Partial differential equations - basic theory. *Applied Mathematical Sciences, Springer-Verlag New York*, 115, 1996.

[9] Claude Abromont et Eugène de Montalembert. *Guide de la théorie de la musique - 610 p.* Paris, Fayard (ISBN 978-2-213-60977-5), 2001.

[10] Marc Sevaux et Kenneth Sorensen. Vns/ts pour l'ordonnancement sur machines parallèles. *HAL : ROADeF, 7ème congrès de la Société Française de Recherche Opérationnelle et d'Aide à la Décision, Lille, France.*, Fév 2006.

[11] Dr. Gavreau et son équipe (repris par Gerry Vassilatos dans 'LOST SCIENCE'). Infrasons (acoustiqua- 1966) - le son silencieux qui tue. *NEXUS Num 10*, vol.17, janvier 1968.

[12] Hettlich F. Frechet derivatives in inverse obstacle scattering, inverse problems. *IOPscience*, 11 :pp 371 – 382., 1995.

[13] Thomas Fillon. *Traitement Numerique du Signal Acoustique pour une Aide aux Malentendants*. These *Ecole Nationale Superieure des Télécommunications (ENST) Paris.*, 2004.

[14] Nicolas Fressengeas and Hervé Frezza-Buet. Résolution automatique des équations différentielles aux dérivées partielles. *J. des Automates Cellulaires*, avril 2014.

[15] Yohann Le Gall and Romain Herry. Les réseaux de capteurs en ville : Calcul de couverture radio par lancer de rayon. Technical report, Master UBO, June 2011.

[16] Stanley A Gelfand. *Hearing : An Introduction to Psychological and Physiological Acoustics*. informa *Fifth Ed.*, 2010.

[17] Tran Van Hoang. Cyber physical systems and mixed simulation. Technical report, M2RI report, UBO, June 2015.

[18] Lars Valter Hörmander. *Hörmander's work on linear differential operators, by Lars Gårding (de), Proceedings of the International Congress of Mathematicians*. Stockholm 1962, xliv-xlvii, Institut Mittag-Leffler, Djursholm, 1963.

[19] Inmos. *Occam 2.1 Reference Manual*. SGS-THOMSON Microelectronics Limited, 1995.

[20] Adnan Iqbal and Bernard Pottier. Meta-simulation of large wsn on multi-core computers. *SIMSPRING, NUST/SEECS Islamabad UBO/LabSTICC Brest*, 2010.

[21] Toshihiko Komatsuzaki and Yoshio Iwata. Study on acoustic field with fractal boundary using cellular automata. *Cellular Automata*, pp :282–290, 2008.

[22] Tien-Yien Li and James A. Yorke. *Period three implies chaos*. American Mathematical Monthly, n°82, page : 985 à 992, 1975.

[23] André Rossi1 et Alok Singh2 Marc Sevaux. Génération de colonnes et réseaux de capteurs sans fil. Lab-STICC ; UBS, Lorient, France - University of Hyderabad, Andhra Pradesh, India.

[24] John Markoff. Can't find a parking spot ? Check smartphone. *New-York Times*, 12 juillet 2008. http://www.nytimes.com/2008/07/12/business/12newpark.html.

[25] PatriceG NanfangY, Jean-PhilippeT MikhailK, FrancescoA, and ZenoG FedericoC. Light propagation with phase discontinuities- generalized laws of reflection and refraction. *Sciences*, Science :334, 333, 2011.

[26] NVIDIA. *NVIDIA CUDA Programming Guide 2.0*. NVIDIA, 2008.

[27] Roland Potthast. Frechet differentiability of the solution to the acoustic Neumann scattering problem with respect to the domain. *J. Inverse Ill-Posed Probl*, 4 :pp 67 – 84., 1996.

[28] Bernard Pottier. "global warming, global sharing". RESSACS'14 at IRD/Bondy, Web site and program.

[29] Bernard Pottier. Dynamic networks. NetGen : objectives, installation, use and programming. Technical report, Université de Brest, `https://github.com/ NetGenProject/documentation/blob/master/DocNetGen.pdf`, February 2015.

[30] Bernard Pottier. Dynamic networks. NetGen : objectives, installa- tion, use and programming, chapitre 8. Technical report, Univer- sité de Brest, `https://github.com/NetGenProject/documentation/blob/ master/DocNetGen.pdf`, February 2015.

[31] Bernard Pottier and Pierre-Yves Lucas. Dynamic networks. NetGen : objectives, installation, use and programming, chapitre 5 et 6. Technical report, Univer- sité de Brest, `https://github.com/NetGenProject/documentation/blob/ master/DocNetGen.pdf`, February 2015.

[32] Z. Roka. Automates cellulaires sur les graphes de cayley. *PhD thesis- Université Lyon I et École Normale Supérieure de Lyon*, 1994.

[33] SiteTomatis. www.tomatis.com. Du Groupe de recherches Tomatis.

[34] Marc Sosnick and William Hsu. Implementing a finite difference-based real-time sound synthesizer using gpus. *International Conference on New Interfaces for Musical Expression*, 2011.

[35] V. Terrier. Two-dimensional cellular automata recognizer. *Theor. Comput.Sci.*, 218(2) :325–346, 1999.

[36] C. Texier. Physique statistique (faiblement) hors équilibre : formalisme de la réponse linéaire. application à l'étude de la dissipation quantique et du transport életronique. notes de cours du DEA de physique quantique, Ecole Normale Supérieure - Ecole Polytechnique.

[37] Yoshio Iwata1 Toshihiko Komatsuzaki1 and Shin Morishita2. Modelling of incident sound wave propagation around sound barriers using cellular automata. *Institute of Science and Engineering, Kanazawa University, Kakuma-machi, Kanazawa, Ishikawa, 920-1192 Japan*, 2012.

[38] B. Hasslacher U. Frisch and Y. Pomeau. Lattice gas automata for the navier–stokes equation. *Phys. Rev. Lett*, 56 :1505 :463–467, 1986.

[39] Michel Vacher and al. Life sounds extraction and classification in noisy environment. *SIP*, 2003.

[40] Mark Weiser. The computer for the 21st century. *Scientific american*, 265(3) :94–104, 1991.

[41] Wikipedia. http ://fr.wikipedia.org/w/index.php ? "Équation aux dérivées partielles l'encyclopédie libre". En ligne ; Page disponible le 4-mai-2015.

[42] Wikipédia. http ://fr.wikipedia.org/wiki/automate cellulaire. Automate cellulaire.

[43] Wikipédia. http ://fr.wikipedia.org/w/index.php ? " loi de masse l'encyclopédie libre". En ligne ; Page disponible le 7-mars-2015.

[44] Wikipédia. http ://fr.wikipedia.org/w/index.php ? "automate cellualire history". Cellular automaton.

[45] Wikipédia. http ://fr.wikipedia.org/w/index.php ? "son physique l'encyclopédie libre". En ligne ; Page disponible le 24-octobre-2013.

[46] et al. Zhang, Deguo. Morphology and dynamics of star dunes from numerical modelling. *Nature Geoscience*, 5.7 :463–467, 2012.

www.ingramcontent.com/pod-product-compliance
Lightning Source LLC
LaVergne TN
LVHW042337060326

832902LV00006B/226